好的销售，
可以把客户发展为朋友；
差的销售，
逼着朋友去当客户。

先做朋友
后做销售

BE A FRIEND BEFORE THE SALE

胡善林 ————— 著

中华工商联合出版社

图书在版编目（CIP）数据

先做朋友，后做销售 / 胡善林著. -- 北京 ：中华
工商联合出版社，2018.5（2019.12重印）
ISBN 978-7-5158-2263-1

Ⅰ．①先… Ⅱ．①胡… Ⅲ．①销售—人际关系学
Ⅳ．①F713.3

中国版本图书馆CIP数据核字(2018)第064227号

先做朋友，后做销售

作　　者：胡善林

策划编辑：胡小英

责任编辑：邵桃炜　李　健

装帧设计：胡椒书衣

责任审读：李　征

责任印制：迈致红

出版发行：中华工商联合出版社有限责任公司

印　　刷：衡水泰源印刷有限公司

版　　次：2018年7月第1版

印　　次：2019年12月第2次印刷

开　　本：710×1000mm　1/16

字　　数：200千字

印　　张：14

书　　号：ISBN 978-7-5158-2263-1

定　　价：42.00元

服务热线：010-58301130

销售热线：010-58302813

地址邮编：北京市西城区西环广场A座
　　　　　19-20层，100044

http://www.chgslcbs.cn

E-mail：cicap1202@sina.com（营销中心）

E-mail：gslzbs@sina.com（总编室）

与我接触的许多做销售的朋友常常对我抱怨说："客户在哪里？""朋友太少，人脉不广，再加上巨大的业绩压力，如今做销售真的是越来越难做了啊！"

其实，有研究表明，做销售并不难，难的是交朋友。对于销售人员来说，做销售的过程就是一个交朋友的过程。朋友做成了，销售就顺理成章地成功了。因此，销售人员拜访客户就是去找朋友、交朋友。只有广交朋友，会交朋友，你才能做好销售。

那么，销售人员该如何交朋友呢？交朋友要先积累一定的人脉资源，建立起良好的人际关系。对于销售人员来说，建立人际关系是销售最重要的一个环节，没有人际关系，就没有业绩可谈。

美国一家著名的直销公司要派一位精明强干的业务员去开拓一个新市场，可是公司没有一个人在那儿有人脉。这时，一个刚到公司不久的业务员杰克主动申请去开拓新的市场。

杰克上了飞机后就开始向空姐咨询新市场所在城市的情况，很快与空姐成了朋友。杰克又和座位两边的乘客攀谈，也成了朋友。由于杰克开朗热情、乐于助人，到他下飞机时手里已经有了十几个电话号码。杰克住进宾馆后很快又和服务员、值班经理成为朋友，甚至同住一层楼的客人也都与他熟悉了。

这样，杰克拥有了一批人脉资源。经过两个多月的努力，杰克的销售业绩让公司非常吃惊，因此，公司破格提拔他为区域销售经理。

杰克能在如此短的时间内取得如此辉煌的成绩，与他广植人脉并充分利用人际关系有很大的关系。杰克善于与各色各样的人交朋友，空姐、服务员、乘客、宾馆客人等，无一不被他收入关系网中。

作为一名优秀的销售人员，要想取得骄人的成绩，就必须学会建立自己的人脉关系网。而你生命中的每一个人都能成为你的人脉，销售人员能否以热情开朗的气息感染身边遇到的每一个人是最关键的问题。只要有心，朋友是无处不在的。只要本着"先做朋友，再做销售"的宗旨去做，就不愁做不成销售。

在销售中，如何交朋友、结交有益的朋友是一门学问。本书运用经典的事例和通俗的语言，向读者详细介绍了如何拓展自己的人脉圈子，广交朋友，在客户面前树立正面积极的个人形象，掌握高超的沟通技巧，化解客户的抗拒心理，妥善处理异议，以及做好售后服务的技巧和方法，帮助读者在销售工作中更好地与人交际，做好销售。

在销售中交朋友，在交朋友中做销售。本书是一部针对销售人员的实用工具书。仔细阅读本书，并结合自身的实际情况灵活运用其中的方法和技巧，您就会发现，自己的销售本领在不知不觉中突飞猛进，做好销售原来如此简单。

目录

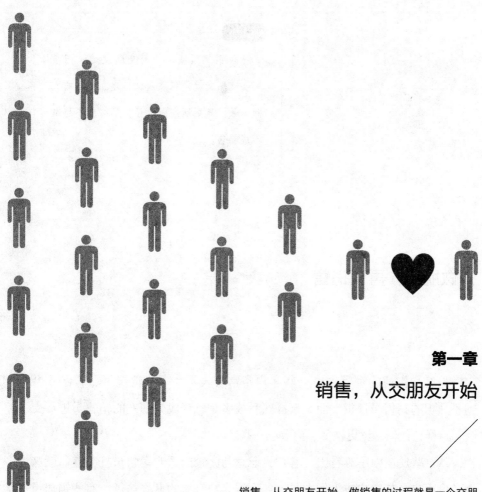

第一章
销售，从交朋友开始

销售，从交朋友开始。做销售的过程就是一个交朋友的过程，销售人员拜访客户就是去找朋友、交朋友。你真心待人，别人也真心待你。当你真心把客户当朋友，彼此倾吐肺腑之言，互相体恤爱护时，朋友交成了，销售自然水到渠成。

● 引言

在销售领域，如何交朋友是一门学问。交朋友就是积累人脉，建立良好的人际关系。只要朋友做成了，那么就不愁做不成销售。

先做朋友，再谈销售

与客户沟通的过程中，一些客户常常会表示：一般情况下，自己不会向不认识的销售员订货，而是选择熟悉或者是已经成为朋友的销售员进行交易，这样让他们感觉更稳妥、更放心一些。

从这些反馈中不难看出，客户更愿意与比较熟悉的销售员打交道。就这个角度而言，与客户成为朋友是一条赢得客户订单的良好途径。有些销售员销售业绩不好，其实并不是销售水平不够，而是因为不懂得结交朋友，或者是交的朋友不够多。

与客户交朋友，并不像很多销售员想象的那么困难，完全可以先从闲谈开始。闲谈是拉近双方心理距离的有效手段，很多时候，在闲谈的过程中，毫不相干的销售员和客户就成了朋友，有了朋友这层关系，销售就变得轻而易举了。

从某种程度上说，销售员拜访客户其实就是去找朋友、交朋友。家庭聚会、网络俱乐部、兴趣沙龙、展览会等都是销售员结识陌生客户的优质渠道。一个销售员如果每天认识四个人，一年就可以认识1460人。如果这个销售员能与其中20％～30％的人建立起融洽的朋友关系，那么三年后就会拥有一个庞大的朋友关系网。

朋友多了，潜在客户自然也就多了。随着时间的推移，这些潜在客户会逐渐变成准客户，甚至是忠诚客户。在关系逐渐变化的过程中，销售员最需要重视的一点是诚信待人，朋友之间要讲诚信，与客户相处更应该以诚信为本，做到这一点，就不愁销售业绩上不来。

某公司业务员彭先生接到一个客户的电话，提出需要一套化肥制造设备。彭先生与对方沟通后了解到，对方公司是通过别人介绍的，对彭先生公司的设备及售后服务较认可，但由于是首次合作，这位客户顾虑很多，反复询问订金付多少，产品质量怎么样。

听了彭先生的讲解之后，客户决定订货，但是拒绝支付订金，并要求货到付款。这是一笔不小的生意，订金的数目自然也不少。彭先生不敢自己做主，于是向公司总经理汇报了情况。总经理认为："诚心地对待客人，会有一个好的结果。"

几天以后，彭先生将货送到客户手上，客户当即付了货款，彭先生帮他们试好机器后返回公司。半年后，客户又向彭先生的公司订购了两台设备，不但是先付款后交货，而且还帮彭先生推荐了几个客户。这些客户后来都成了彭先生的好朋友。

有一年春节前夕，公司售后服务部电话响起，电话来自一个偏远地区的化肥企业，是公司的老客户，他们的脱硫系统出现了问题，希望公司马上派人前去维修，公司一口应诺。但是考虑到当时春运即将开始，公司售后服务部人员大都来自外地，赶赴偏远地区可能会耽误他们回家过年，公司领导一时陷入为难。

正在公司领导犯难的时候，彭先生与一位工程师主动请缨，要求去完成这春节前的最后一项工作任务。由于客户处于偏远地区，交通不便，又遇到下大雪，本来两天时间就可以赶到，结果辗转六趟车，花了三天半的时间才赶到目的地，最终为客户解决了生产难题。

这种不失信于人的精神感动了客户，也感染了公司的所有人。客户与彭先生建立了深厚的友谊，后来，客户企业的设备要更新换代，一次性向彭先生的公司订购了四台设备，成为彭先生永久的客户。

从以上案例中可以看出，真心对待客户，诚信交朋友，订单自然不请自到。此外，在洽谈生意时，销售员还要学会与对手友好沟通，联络感情，成为朋友，从而使交易变得顺利，达到预期的目的。

刘先生是一家汽车零部件贸易公司的谈判专员，他所在的公司委托一家公司加工生产汽车零件，因原材料价格上涨一倍，这家公司提出汽车零件工价也要上涨一倍。刘先生受命与这家公司谈判。

刘先生和对方进行了多次谈判，但对方立场坚定，态度强硬，任他磨破嘴皮，就是不肯让步。

在这种陷入僵局的情况下，刘先生暂时停止谈判，硬攻不行就来软攻。刚好正值当地旅游节开幕，刘先生邀请对方一起到周边景点散散心。在旅途中，双方没有谈及任何有关谈判的事，而是只谈一些无关的话题，几天下来，双方成了无话不谈的好朋友。

当再次坐到谈判桌上的时候，对方一改当初的强硬态度，对刘先生说："咱们已经是好朋友了，我是不会让朋友吃亏的，你定个价格，我签字就是了。"就这样相当棘手的谈判圆满结束了。后来，两家公司一直有生意往来，互惠互利，合作得很愉快。

对于销售员来说，要想从容地从客户那里拿到订单，先和客户成为朋友是个有效的方法。如何才能跟客户成为好朋友呢？可以先放下争执，放松一下情绪，联络一下感情。当你和客户建立起友谊后，你的生意就会更好做，订单就会更好拿。

销售达人如是说

销售人员要让客户感觉到自己真的把他们当成朋友，这样他们才会放心地购买你所销售的产品。

● 引言

> 只要有充足的人脉资源，一个人无论起点有多低，他的人生都可以达到常人难以企及的高度。因此，销售员必须不断结识新客户，广泛结交朋友，努力扩充自己的人脉资源。只要人脉旺，销售业绩自然就不在话下。

广交朋友，积累人脉

美国有一句流行语："一个人能否成功不在于你知道什么，而在于你认识谁。"做销售员也是如此，重要的不是赚了多少钱、积累了多少经验，而是在销售产品的过程中认识了多少人、结交了多少朋友、积累了多少人脉资源。这种人脉资源是你宝贵的无形资产，别小看你平日里积累起来的人脉资源，它将是你终身受用的无形资产和潜在财富！

销售员要学会把握机会，抓住一切机会培养人脉资源。比如，参加活动时你可以提早到现场，认识更多人，多与他人交换名片，利用休会的间隙多聊聊，在外出差的过程中要主动与他人沟通等。总之，处处留心皆人脉。

徐先生是一家中型企业的销售部经理，空闲时间喜欢上网，他建立了自己的博客，一有时间就将自己在销售过程中的体会、经验、教训等发表到网上。有一次，他发现一位网友对他的文章评论很到位，他出于好奇就浏览了对方的博客，发现有一篇很精彩的文章，读完之后，他也在评论区发表了自己的读后感。

这样一来二去，他和这位网友就慢慢熟识了。几个月后他们相约见面，相谈甚欢。原来，这位网友竟然是徐先生同行业的企业老板。由于他们在网上有了不设防的交流，对对方的价值观、兴趣、处事能力等也有了比较透彻的了解，所以他们在线下相处得很融洽，后来慢慢成了好朋友。

就这样，后来徐先生还利用网络结交了五十多位知心的同行朋友，大大促进了他业务的开展，人脉资源的延伸取得了突破性的进展。

斯坦福研究中心曾经发表一份调查报告，结论指出：一个人赚的钱，12.5%来自知识，87.5%来自关系。人脉即人际关系、人际网络、社会关系。不论做什么行业，积累人脉都必不可少。

曾经有人总结说：20岁到30岁时，一个人靠专业、体力赚钱；30岁到40岁时则靠朋友、关系赚钱；40岁到50岁时靠钱赚钱。可见，人脉竞争力在一个人的成就里扮演着重要角色。销售工作是与人打交道的事业，广交朋友、积累人脉显得更为重要。

普遍来讲，刚做销售的朋友都会有一种感叹：客户在哪里？朋友太少、人脉缺乏，又有巨大的业绩压力。这时，你就要做好心理准备，不要急功近利，要有长远的眼光，要把每一个客户当作你的朋友。慢慢积累，朋友逐渐就多了。下面，让我们来听一听一线新业务员的故事：

王强初中毕业后进入一家啤酒公司做销售，他一没有老客户，二没有销售啤酒的经验。刚上班的前几天他真是吃不好睡不好，经过几天的思考，他最终决定一家一家地去跑客户。客户就是餐馆、酒店和小卖部，当时的业务员做啤酒业务都是找批发商，陪着客户吃饭、喝酒、聊天。

在同事的嘲笑声中王强开始骑着单车大街小巷地跑业务，第一个月他才卖了1000瓶啤酒，同事们最少都是5000瓶，可他并不灰心。由于王强给客户的价格一瓶要比他们低5分钱，再加上王强勤奋实在，及时送货上门，第二个月的销量就达到了8000瓶，许多小餐馆和小卖店都开始从他这里进货，还发展了周边县的代理商，第三个月王强的销量就排名第一了。

在推销啤酒的过程中，王强还认识了很多小餐馆的老板和小卖部的店主，一来二去，他们就成了好朋友。由于他善交朋友，有一个超市的采购部经理看中他的勤奋肯干，最终成了王强的忠实客户。

王强的经历告诉我们，销售员只有广交朋友才能做好销售工作。要想事业成功，就要拿出真诚来广交朋友。朋友是船，理想是帆，自己的努力是桨，成功就是彼岸。

一个成功的销售员不仅要有扎实的专业知识、娴熟的销售技巧，更重要的需要庞大的人脉。这个过程就像一个挖井的过程，付出的是汗水，得到的是源源不断的财富。

俗话说："在家靠父母，出门靠朋友。"销售行业更是一个靠关系求生存的领域，你没有很好的人脉，没有很好的人际关系，要想做出好的成绩是非常困难的。

很多销售新手之所以在销售工作中举步艰难，其实不仅仅是因为能力的缺乏，更关键的是人脉关系尚处于空白地带。下面就告诉大家怎样建立自己的人脉网。

1. 多花时间与客户相处

改善人际关系最好的方式就是"花时间"。你愿意花时间与客户相处，他就觉得你认为他很重要。平时多花一点时间联络你的客户，与客户聚聚餐，与客户一起出去游玩……你们的关系就会变得更融洽。

2. 主动与客户联络培养关系

人际关系是靠自己主动的维护来培养的，所以要多主动联络你的朋友或客户，只有主动联系，人家才觉得你重视他。那些主动交朋友的人，必将交到更多的朋友。因此，凡事必须主动出击，主动联络。

3. 热心向身边人提供力所能及的帮助

人际关系都是靠自己的努力争取得来的，你帮助别人越多，你将来获得别人帮助的可能性就越大。不管大事小事，只要热心去做，就能有一分收获。做一个热心人，相信你的人际关系圈会越来越大。

♥ 销售达人如是说

在销售过程中，朋友起着至关重要的作用。在商业社会里，有朋友就有机会，有朋友就有前途，有朋友就有财富。因此，要想销售业绩不断提高，关键是要广交朋友。

> **• 引言**
>
> 你如何对待朋友，朋友就如何对待你。古人曰："欲知其人，视其朋友。"同理，欲知其事业，也要视其朋友。

难时有人帮，不要忽视身边的每一个人

先来看一个案例。

牛先生是一家公司的销售部经理。有一年，公司产品遭遇大批量退货，资金周转困难，濒临倒闭，公司高层们急得团团转而又束手无策。牛先生临危受命，带领销售团队跑市场，找出路，终于使公司产品打开了销路，业务走出困境并蒸蒸日上，不仅解决了公司的难题，还给公司赚了几百万元。

因工作出色，牛先生深受老总的重视。凭着自己的智慧和胆略，牛先生又为公司的产品打开国际市场立下了汗马功劳，两年内为公司赚得了几千万利润，成为公司举足轻重的骨干力量。

这时，公司主管销售的副总经理岗位正空缺。踌躇满志的牛先生以为此岗位非自己莫属。然而，他却没有升职。本来公司董事会要提拔他，但在提名时遭到人事部门的强烈反对，理由是各部门对他的负面意见太多，比如不懂人情世故，不善于和同事交往，骄傲自大……让这样一个不懂人际关系的人进入公

司的决策层是不适宜的。

后来，副总经理一职由他人担任了，牛先生非常痛苦和不解：自己到底错在哪里？最终，还是一个朋友破解了他的迷惑：恃才自傲，目中无人。

从上面的案例可以看出，尽管牛先生工作能力出众，但他忽视了人际关系的重要性，忽视了身边的每一个人，没有与他们搞好关系。那些他不放在眼里的人在关键时刻不能积极配合他的工作，最终阻碍了他在公司的发展和晋升。

因此，一个人能否成功、事业能否发展，在很大程度上取决于他是否不断发掘益友、创造益友、培植益友、珍视益友。你的朋友圈素质的高低、支持力的多寡，决定了你事业发展的层次。

小燕是一家化妆品公司的销售员，由于平时待人非常热情，所以身边有很多朋友。很多时候，她都能得到朋友的帮助。当然，她并没有因为得到帮助而对哪一个朋友特别热情，而是对大家一视同仁，这让她在朋友圈里更受欢迎。

有一次，小燕遇到一个大客户，但是几次约见对方都没有成功，她又不想放弃，因为这笔订单对她来说太重要了。于是，她找来比较熟悉的朋友帮忙出出主意。小燕把自己的想法跟她们说了，朋友们虽然都替她着急，也七嘴八舌地出主意，但是她们的主意都不行，被一一否决掉了。就在小燕不抱什么希望时，一向不大起眼的小红突然发话了，她说："我倒是可以试着帮你找找那位客户，她好像是我堂哥的表姐。"

听小红这么一说，小燕觉得眼前一亮，原来自己身边就有认识那位大客户的人。可是，转念一想，她又犹豫了，因为小红在她朋友圈里是最没有本事的人，甚至到现在还没有一份正经的工作，有时候还会向自己借钱救急，托她办这事能靠谱么？但是小燕又实在找不到更好的办法，也只能"死马当活马医"了。

让小燕想不到的是，第二天小红就给她回话了，说她已经托堂哥联系上了那位大客户，约好下午三点与小燕见面。小燕感激地对小红说："这次真是太感谢你了。"小红笑笑说："你平时对我那么好，应该说感谢的是我啊。"

一个人遇到困难自己可能无法解决，但也许这个问题对于你的朋友来说是个不成问题的问题，如果得到朋友的帮助，问题自然迎刃而解。所以，一个人如果想要在成功的路上走得更快，朋友是必不可少的。尤其对销售员来说，要在同等的竞争条件下获得比别人更好的运气，就不要忽视身边的每一个人。

销售达人如是说

一个人的力量是有限的，孤军奋战、单打独斗，很难在事业上取得大的成就。所以，要学会借力助推，众人扶持，充分挖掘身边的每一个人，谁能做到这一点，谁就能胜人一筹。

• 引言

销售就是一个聊天的过程，一个与客户套近乎的过程，一个互相建立信任感的过程，拉近距离建立信任感后，成交就显得自然而然了。

和客户套近乎应讲究原则

心理学研究表明，陌生的地方会让人产生一种不安全感，陌生的人会让人产生一种距离感。和陌生人该如何交谈是困扰很多人的问题。很多人在和陌生人交谈的时候不知道从哪里开始、该聊些什么、怎么去聊，以至于和陌生人在一起谈话的时候经常出现冷场的尴尬场面。怎样才能与陌生人有一见如故的感觉呢？

那就是学会与陌生人套近乎。

作为一名销售员，在与陌生人接触的过程中简单地套套近乎，哪怕是询问一下时间、抱怨一下天气，都会拉近你与陌生人的距离，增进你们之间的友谊。

在一家女装店里，一位五十多岁的大姐一边闲逛一边看衣服，她一会儿伸手把衣服从衣架上拿下来，前后左右看款式，一会儿向导购员询问价格，这样看了好几件。

当这位大姐又拿起一件衣服时，导购员说："大姐，这一款挺适合您的。"

大姐说："这衣服颜色太年轻了，我都这么大年纪了，哪穿得出去呀！如果我再年轻20岁，肯定买。"

导购员听了后，笑着说："大姐，我理解您的想法。人这一辈子为了什么？年轻的时候为了孩子省吃俭用，现在孩子们都结婚了，人又上年纪了，该为自己想想了。现在日子好了，不愁吃不愁喝的，人应该越活越年轻，您说是吧？"

大姐听后，笑着说："你说得对，现在日子比那些年好多了。"

导购员接着说："现在很多像您这样年龄的人可想得开了。您看广场上那些天天跳舞的叔叔阿姨，穿得多漂亮多时尚，根本看不出年龄来，个个都好像回到了20年前，这都是漂亮衣服的作用。所以您也应该让自己再年轻20岁，这件衣服您穿上试试，买不买无所谓。"

大姐听完非常高兴，进试衣间穿上后，出来在试衣镜前打量自己，脸上的笑容更灿烂了，最后这件两千多块钱的衣服就这样成交了。

爱美之心人皆有之，只要我们给了客户足够的购买理由，顾客自然就会购买。上面案例中的导购就运用了套近乎的赞美方法，说得客户心花怒放，最后自然而然成交了。

和客户套近乎是销售中常见的行为，这样能有效地拉近与客户的距离。但套近乎必须有一定的限度，且要坚持一定的原则。

李小姐是一位地板销售员，这是她第二次来客户家。她发现客户今天的脸色好像不太好，就关切地问："您身体还好吗？"

"还好，还不能死呢，还有架没吵完呢。"

"是谁这样没素质，和您这样脾气好的人吵架？太过分了，您告诉我，我帮您出气去。"

"是我的丈夫，唉，这日子简直没法过了。"

"是您丈夫啊，不用搭理他，男人没几个好东西！"

正在这时，客户的丈夫出来了，他愤怒地说："你说谁呢？你以为自己是谁？我们家的事不用你来管，你给我出去！"

说完，就将李小姐推了出去。

案例中的李小姐在与客户交谈时忘记了最重要的细节：对于客户的家事，自己怎么能随便发表看法呢？和客户套近乎不仅要站在客户的角度，还要照顾到客户的家人，让客户感到你是真的在帮助他。

那么，作为销售员，该如何与客户套近乎呢？

1. 多说平常的语言

与客户聊天，用词不要太专业，要多用通俗的语言来交流。一味地使用专业用语，很容易使人产生华而不实、锋芒毕露的感觉。

2. 了解对方的兴趣爱好

可以跟老年人谈健康养生，和年轻妈妈谈孩子和宠物，如果客户喜欢谈足球，就可以跟他谈谈近期的重大赛事。

3. 了解对方所期待的评价

人们都希望别人对自己的评价是好的，所以销售员要想客户之所想，说客户想听的话，做一个善解人意的人。

4. 引导对方谈得意之事

当得知客户为一个项目三个春节都没回家时，销售员可以这样赞美他："您是真正的现代企业家，您的敬业精神堪称业界一流。"

5. 表现出对对方的关心

销售员可以很自然地嘘寒问暖，如果一见面听见客户咳嗽，可以询问他是否感冒了，并嘱咐他注意身体健康，这样就容易拉近俩人之间的距离。

6. 先征求对方的意见

遇到事情需要做出选择时，首先要把选择权交到客户手里，征求客户的意见，让客户感到自己受尊重。

7. 记住对方"特别的日子"

在结婚纪念日、生日等这些有纪念性的日子里，销售人员可以发短信、送礼物，给客户送去惊喜。

8. 选择对方家人喜欢的礼物

馈赠礼物时，与其选择客户喜欢的礼物，倒不如选择对方家人喜欢的礼物，从而获得客户家人的支持。

销售达人如是说

一般来说，客户都喜欢销售人员与他们拉家常、套近乎，其本意是想了解你的实力，然后再切入正题。面对这类客户可以将计就计，先摸清他的用意，再反客为主。

> **引言**
>
> "多个朋友多条路，多个冤家多堵墙。"朋友是我们一生中不可多得的财富，在某种程度上也是一种强有力的支撑系统。

多个朋友多条路

俗话说："在家靠父母，出外靠朋友。"在现代社会，分工细化、竞争残酷，单凭个人的力量很难取得事业上的成功。只有借助朋友之力，才有助于我们创造辉煌的人生。

对于做销售的人来说，多交朋友才会处处顺风，仔细观察那些销售高手，会发现他们都有一个共同之处，那就是他们的朋友都很多、交往都很广泛。因为你的朋友越多，从朋友那里获得的信息就越多，这样你就比别人多一些成功的机遇，做起工作来就会顺风顺水。

乔·吉拉德之所以被称为美国汽车销售大王，就是因为他总是设法让每一个光顾他生意的顾客都感到他们似乎昨天刚见过面。

"哎呀，比尔，好久不见，你都躲到哪里去了？"乔·吉拉德微笑着，热情地招呼一个正走进展销区的顾客。

"嗯，你看，我现在才来买你的车。"比尔抱歉地说。

"难道你不买车，就不愿顺道进来看看，打声招呼？我还以为我们是朋友呢。"

"是啊，我一直把你当朋友。"

"你每天上下班都经过我的展销区，比尔，从现在起，我邀请你每天都进来坐坐，哪怕是一小会儿也好。现在请你跟我到办公室去，告诉我你最近都在忙什么。"

当一位满身尘土、头戴安全帽的顾客走进来时，乔·吉拉德就会说："嗨，你一定是在建筑业工作吧。"很多人都喜欢谈论自己，于是乔·吉拉德尽量让他无拘无束地打开话匣子。

"您说得对。"对方回答道。

"那您负责什么？钢材还是混凝土？"乔·吉拉德又提了一个问题，想让他谈下去。

有一次，当乔·吉拉德问一位顾客做什么工作时，对方回答说："我在一家螺丝机械厂上班。"

"噢，那很棒，那你每天都在做什么？"

"造螺丝钉。"

"真的吗？我还从来没有见过造螺丝钉是怎么回事呢。方便的话，我真想上你们那儿看看，欢迎吗？"

乔·吉拉德这样说只是想让对方知道自己对他的工作是多么重视，因为在这之前，也许从未有人怀着浓厚的兴趣问过这位顾客这些问题。相反，一个糟糕的汽车推销员可能嘲弄他说："你在造螺丝钉？你大概把自己也拧坏了吧，瞧你那身皱巴巴的脏衣服。"

这一天，乔·吉拉德特意去工厂拜访这位顾客的时候，看得出他真是喜出望外。他把乔·吉拉德介绍给年轻的工友们，并且自豪地说："我就是从这位先生那儿买的车。"乔·吉拉德则趁此机会把名片送给每一个人，正是通过这种策略他获得了更多的生意。

乔·吉拉德真不愧为世界上最伟大的销售员，连续12年荣登世界吉尼斯纪录大全世界销售第一的宝座，他所保持的世界汽车销售纪录——连续12年平均每天销售6辆车，至今无人能破。

吉拉德之所以取得如此巨大的成就，与其结交朋友是分不开的。他能与任何人结交朋友，他的朋友有满身尘土的建筑工人，有穿着破巴巴脏衣服的造螺丝钉工人，等等。与这些人结成朋友，他又认识了朋友的朋友，通过这种多交朋友的策略，他获得了很多的生意。

可以说，做生意就是做朋友，只有当你不断地与客户建立起牢固的友谊时，你才能有广泛的人际关系，那样你才会慢慢地靠近成功。多结交一个朋友就多一条路，有时要比自己努力更容易接近成功。在你最困难的时候，往往是你的朋友帮助你，离开了朋友，你往往就会陷入无助之中，有的朋友还会在你意想不到的时候帮上你的大忙。

王明毕业于某名牌大学，在校期间是非常优秀的学生干部，结交了好多朋友，毕业后自己开了一家公司。刚开始时生意红红火火，他也赚了一些钱，于是王明就拿自己赚的钱帮助其他朋友创业。

有一次，王明看准了一个很好的机会投资了一个项目，把公司的资金全部投了进去，可是资金回来得很慢，很快就周转不开了。如果资金跟不上，公司就彻底垮了，可王明实在没钱了。他的同学和朋友们听说了纷纷倾囊相助，帮助王明渡过了难关。这个项目让王明赚了大钱，不但很快把欠款还给了朋友们，而且公司的资产也翻了几番。

俗话说："一个篱笆三个桩，一个好汉三个帮。"一个人即使是天才，也不可能做到样样精通。所以，要完成自己的事业，就要善于利用朋友的智力、能力和才干。

我们在开拓自己的事业时总会遇到自己难以解决的问题，这时，良好的朋友关系会助我们一臂之力，在我们陷入困境的时候，向我们伸出温暖的手，扫清前进中的障碍。

销售达人如是说

一个人的力量终究是有限的，就算有三头六臂，又办得了多少事？成大事全靠同舟共济。尤其是做销售，多一个朋友就多一个潜在的客户，也就多一个帮助你的贵人。

> **● 引言**
>
> 　　老客户大部分都是由一些曾经的陌生人发展而来的，陌生客户在销售业绩中一般都占有相当大的比例。一个不知道如何跟陌生人打交道的销售员是很难有好的业绩的。

做销售，就是不断与陌生人成为朋友

　　传统观念认为，"不要轻易和陌生人说话""逢人只说三分话，不可全抛一片心""防人之心不可无"。这些观念虽有可取之处，但也有极大的弊端，因为所有的朋友都是由不认识变为认识的，都是由陌生人变成熟人的，将陌生人拒之门外正是扩大社交圈子的最大障碍。

　　对于推销员来说，与陌生人交往尤为重要，因为客户以前就是陌生人，与陌生人交往熟悉了，他们就成了朋友、成了客户。其实，陌生人和我们并没有什么不同。面对陌生人时，我们应该消除内心的恐惧，把他们当作与我们一样的普通人去看待，勇敢地对陌生人敞开我们的心扉。同时，掌握和陌生人相处、交谈的技巧，最终就会成为与陌生人打交道的高手。

　　陈先生是一家汽车专营店销售冠军，之所以能取得好的业绩，他总结说："做销售要掌握和陌生客户相处的技巧，与陌生人成为朋友。"他有一套自己的销售心得：

1. 善用通信工具，增强客户黏性

当客户第一次来店里或者第一次给客户打电话时，陈先生会尽可能地挖掘客户的信息，比如工作性质、居住地址、爱好、兴趣等。然后，陈先生会想尽办法取得客户喜欢使用的通信工具，例如QQ、微博、微信等联系方式，这样可以零距离而且很轻松地与客户沟通。这样平时与客户增强黏性，会加深客户对他的印象，让客户在买车的时候会想起他。

2. 讲究细节，开拓新业务

客户订车完毕后，在其离开展厅半小时内，陈先生会发恭喜短信，短信内容一定含有推荐的活动。然后再在交车的环节中加入解析：以后如果有朋友需要买车，成功转介绍的可以赠送保养一次或者按当时的活动政策赠送礼品。交车的时候，陈先生会很重视与客户一起来的朋友，因为这些朋友可能也是潜在意向客户。

3. 想客户所想，解客户所忧

在订车后，陈先生会为客户跟踪车辆的情况，预估到车时间、交车时间，有哪些精品备件没有货，没有货的要订货。假如没有货，而且订货时间比较长，在交车给客户前，陈先生会提前告知客户，为顾客想好各种应对办法。这样，客户就会感觉陈先生在为他做事，而不是收完钱就不理人。

4. 善用公司资源

公司有时会主办车主DIY、自驾游或看表演之类的活动，陈先生会经常与市场部联系，向客户推广相关业务，让客户感觉到4S店除了卖车给他，其实还有很多增值的服务。

以上几点就是陈先生在销售过程中的经验总结，他说"做销售就是不断与陌生人成为朋友，让这些朋友为自己介绍更多的朋友。要让客户买车第一个想起我们，修车第一个想起我们，适时给予客户惊喜，让他们成为我们的朋友"。

推销员职业的特殊性决定了他要与陌生人经常打交道。我们中有很多人在与陌生人进行交流的时候往往会存在这样的心理障碍：羞于或不敢于对陌生人开口。其实，只要我们鼓足勇气，暗暗地告诉自己"我一定能行"，就会发现其实与陌生人交谈并不是一件困难的事情。

销售员突然去拜访或者打电话给陌生客户，直接表明销售的目的，往往会让陌生客户产生紧张、排斥的心理，因此，不愿见销售员甚至直接挂断电话。这时，如果销售员想办法与陌生客户交上朋友，再销售你的产品就是水到渠成的了。

与陌生人先交朋友，再谈销售。这说起来似乎容易，但做起来就不像说的那么简单了。不过，如果你掌握了一些技巧，做起来还是不难的。

1. 改变不和陌生人说话的偏见

人与人之间的认识都是从陌生人开始的。构建人际关系最重要的就是从陌生人开始的，做销售工作更是如此。

2. 放平心态，战胜害羞心理

害羞心理是一种非常普遍的心理现象，它会让一个人失去很多机会，把自己封闭在狭小的圈子里。因为害怕、担心，才会害羞。然而，一旦让自己的心态变得平和起来，学会用积极的心态去看待陌生拜访这件事，赶走害羞，你就能收获开朗与阳光。

3. 做好被拒绝的心理准备

害怕遭到别人的拒绝是很多人不敢与陌生人说话的最主要原因之一，对于陌生人，我们没有必要担心被拒绝。特别是从事推销职业的人，被拒绝更是家常便饭，但是很多销售员正是在一次次的拒绝中促成生意的。

4. 克服自卑，大胆与陌生人说话

在销售工作中，很多销售员都害怕和陌生人接触。面对陌生人，他们不知道如何开口，不知道该说些什么。这时，你如果有这样的心理就好了：越是自己不敢做的事情越要去做，越是令自己恐惧的事情越要去做，越是自己没信心的事情越要去做。只要勇敢地与内心的自卑做斗争，大胆地与陌生人说话，你的自卑心理就会随之消失，人生定会变得与众不同。

销售达人如是说

在与陌生人交往的初期要放松，真诚待人，令对方把信任的大门打开。在和他逐渐熟悉后，再找准机会销售产品。

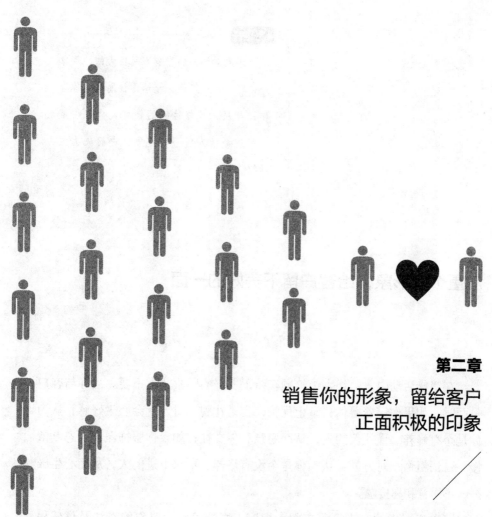

第二章

销售你的形象，留给客户
正面积极的印象

在销售过程中，个人形象如着装打扮、言谈举止等外在形象都会呈现在客户的眼里，并给客户留下深刻的印象，这在客户心中占有很大的分量。可以说，销售员外在形象的好坏与销售的成败有直接关系。

> **引言**
>
> 形象对个人的影响力是巨大的，形象好，客户就认可你、接纳你，愿意与你合作；相反，不修边幅的销售人员往往第一眼就会给人留下坏印象，进而失去主动权。

注重个人形象，给客户留下美好的一面

在销售活动中，销售人员给顾客留下良好的印象非常重要。当你与客户见面时，如果你穿着得体，举止优雅，言语礼貌，对方就会心生好感，认为你是个有修养、懂礼仪的人，从而愿意和你交往；如果你服饰怪异、态度傲慢、言语粗俗，对方就会认为你是个没有修养、不求上进的人，从而心生厌恶，不愿意和你接触。

可以说，你的个人形象在很大程度上影响着客户对你的看法及信任程度，也决定着交易能否成功。

一个销售人员除了代表自己，还代表了企业的形象。那些注重合作的客户认为，销售人员的形象往往代表了其所属公司的产品服务质量和合作态度，他们十分在意销售人员的谈吐、衣着、气质等。因此，个人形象在某种程度上决定着客户是否愿意与你面谈。

小崔是一名销售防盗门的推销员，工作一直很出色，得到了公司领导和同事

们的一致认可。有一次，小崔参加了一个展会，他结识了一位防盗门经销商刘老板，刘老板对小崔公司的产品颇感兴趣，所以双方约好第二天在某茶社细谈。

不巧的是，第二天下起了大雨，小崔怕弄脏新衣服，就穿上了旧西装和雨鞋出了门，而且也没有好好梳理一番。等刘老板到了茶社后，小崔便兴致勃勃地进行产品介绍。令他想不到的是，刘老板反应非常冷淡，只听了一会儿，就对小崔说："小崔啊，我今天真的很忙，有空再约你吧，今天先告辞了。"这种冷漠的遭遇让小崔纳闷，不明白问题出在哪里："上次见面的时候还谈得好好的，怎么忽然之间就转变态度了呢？"他百思不得其解。

在回公司的路上，当他经过一家商店的广告橱窗时，看到了镜子中自己邋遢的样子，这才恍然大悟，原来今天自己穿着这么不得体：胡子拉碴，衣服脏兮兮的，裤腿上还有泥巴！难怪刘老板不待见自己。

小崔不修边幅的打扮明显是对刘老板不尊重，即使小崔心里并没有这样想，对方也会这样认为。从这个例子中我们不难发现，在销售过程中，一个人的着装对于他的整体形象有很大的影响。得体的着装会让人的个人形象大大提升，而邋遢的着装却会瞬间让人的形象大毁，让客户厌烦。

因此，销售人员一定要学会在推销产品之前，先想办法给客户留下一个好的第一印象。初次见面的几分钟往往是推销工作顺利与否的关键，销售人员一定要在这几分钟里给客户留下良好的印象。

博恩·崔西是美国知名的销售训练讲师，他曾说："良好的个人形象就是你在社会交往中的亮点，对销售人员来说就是成功的敲门砖。出门之前领带没有打好并不代表你是一个失败的人，但有人就会这么认为，而且一次、两次、点点滴滴的负面印象会降低别人对你的评分。偏偏这种以貌取人的人还不少，而且领带打不好的人也挺多。因此，当你要拜访初次见面的客户时务必要用心打扮一下，让衣服为你说话。"

有一次，博恩·崔西去拜访一位客户。在与对方交谈的过程中，他并没有说太多销售方面的话题，但是他的个人形象比较鲜明，让对方一下子就记住了他。在他第二次和客户见面的时候，对方向他提起初次见面时对他的感觉："你的言谈举止间透露出儒雅自信的气质，这让我很快对你产生了好感，并且信任你。"生意成交后，这位客户又给博恩·崔西介绍了一些潜在客户。

心理学方面的有关研究表明，给他人留下的个人形象一旦形成，就很难改变，所以说，能否给客户留下良好的个人印象对于接下来的沟通很重要。据相关资料统计，销售人员的失败，80%的原因是因为留给客户的个人印象不好。也就是说，很多时候在你还没开口介绍产品之前，客户就已经决定不与你进行进一步的沟通了。

既然给客户留下的个人印象如此重要，那么销售人员应该如何给客户留下良好的一面呢？

1. 着装要得体

俗话说："佛靠金装，人靠衣装。"从某种程度上说，得体的着装对销售人员来说相当重要。一般来说，衣着能直接反映出一个人的修养和气质。穿戴整齐、干净利落的销售员容易赢得客户的信任和好感，而衣冠不整的销售员会给客户留下办事马虎、懒惰、糊涂的印象。

所谓着装得体，并非是要求所有销售人员都穿着华丽，专业的销售人员必须根据本行业的特点选择合适的衣着。

在选择服饰时，销售人员应该注意一点，那就是不论何种服饰都必须是整洁的，服饰的搭配必须和谐，千万不要为了追求新奇把自己打扮得不伦不类。

2. 修饰要适当

销售员修饰的原则是简洁、干净、大方、自然。在外表方面应该注意眼睛干净、有神，鼻子清洁，鼻毛及时修剪，口腔清洁、无异味。

此外，女性面部的妆容应适度，而且要分场合，在办公室要化淡妆，在舞会等社交场合可以化得稍浓一些，但不能太夸张。男性的胡须应剃干净，如果想突出个性，则要修剪整洁。

3. 握手时要适度用力

不论是男性还是女性，在与客户握手时要适度用力，并且稍微持久一些，保证完全握住。此外，握手的同时跟对方有眼神的交流，这样可以让客户感到我们的尊重，表明自己对这次会面很重视，并且对双方的合作抱有很大的期待和热情。

♥ 销售达人如是说

销售员的个人形象代表着所售产品的品牌形象，不能马虎。因为良好的个人形象会让客户对你的产品产生好感；相反，不修边幅就去见客户，只会让客户把你列入"不受欢迎的人"的黑名单。

● 引言

　　一些资深的销售员在给客户打电话时，每每会向看不见的地方行礼，并说一些感谢和客气的话，或许你会觉得这是多此一举的行为，但这是电话交谈中非常重要的一种心理暗示。

穿上西装打电话，对客户怀有真诚、感恩的心态

　　我们先来看一个案例。

　　方先生是一名灯具电话销售员，有一天晚上，方先生突然从床上爬起来，因为他约了晚上10点钟对客户进行电话拜访。

　　妻子问他："这么晚了，你起来干什么？"

　　方先生说："我有一个重要的电话要打，我起来打电话。"

　　妻子说："床头柜上不是有电话么？你起来干什么？"

　　方先生说："不，我不能这样打电话。"说完，他脱下睡衣，穿好衬衫，打上领带，又整整齐齐地换上西装，取出笔、纸和该客户的相关资料，放在电话机旁。

　　方先生清了清嗓子，在镜子前理了理头发，一切都准备好了，拿起话筒开始打电话。

　　打完电话后，方先生收起资料，脱下西装，解下领带，脱掉衬衫，换上睡

衣，上床睡觉。

这一切妻子都看在眼里，觉得十分奇怪。问他："对方根本看不见你这身正规的打扮，打一个电话，何必多此一举呢？"

方先生很严肃地说："对方是看不见我，但我看得见。我看见自己躺在床上那样很随便地打电话，我自己会产生一种对客户不尊敬的感觉。所以，我必须像平常一样打电话，起来穿好西装，这样打电话才是尊重客户。"

你也许会觉得方先生简直是多此一举。其实不然，尽管客户看不见，但整洁的外表和整齐的服饰不仅能增强他沟通的自信心，同时，还体现了他对客户的充分尊重，这种对客户的尊重能有效地通过声音传递，使客户从接听的声音中感受到他的真诚。

因此，打电话时，即使对方看不见我们，也要以愉悦的笑语使声音自然、轻松悦耳，进而给对方留下极佳的印象。相反，如果我们打电话时板着脸，一副不情愿的样子，声音自然沉闷凝重，无法给对方留下好感。由于脸部表情会影响到声音的变化，所以即使在电话中也要常抱着"对方能看到我"的心态去应对。

电话销售中没有面对面的交流，都是靠说话来打动对方，想要给对方留下好的印象，就要具备最基本的接打电话的礼仪。

1. 接听电话礼仪

电话铃响应立即去接，一般电话铃响不超过三次。电话接通后，首先应致以简单的问候，如"早上好"或"您好"，语气柔和亲切；其次，认真倾听对方的电话事由；如对方通知或询问某事应按对方要求逐条记下，并复述或回答对方，记下时间、地点和姓名；最后，对对方打来电话表示感谢，等对方放下电话后自己再轻轻放下。

2. 拨打电话礼仪

首先，将电话内容整理好，查好电话号码后向对方拨出号码。对方接听后应致以简单问候，并做自我介绍；其次，说明要找的通话人的姓名，如确定对方为要找的人应致以简单的问候；接着，按事先准备的通话内容逐条讲述，确认对方明白或记录清楚后，应致谢语、再见语；最后，等对方放下电话后自己再轻轻放下。

3. 通话时的声音礼仪

首先，咬字要准确，如果通话时咬字不准、含含糊糊，就很难让人听清听懂；其次，注意音量调控，音量过高会令人耳鼓欲裂，音量过低，听起来会含糊不清；再次，速度适中，通话时，讲话的速度应适当地放慢，不然就可能产生重音；最后，语句简短。通电话时使用的语句务必精练简短，这样不仅可以节省对方的时间，而且能提高声音的清晰度。

销售达人如是说

拨打电话时，销售人员虽然看不见对方，但是要像对方就在眼前一样，尽可能注意自己的姿势和肢体语言。

● 引言

　　面对顾客时，首先应该用微笑去打动顾客，唤起顾客对你的信任和好感，这样交易才容易完成。

微笑是最好的名片

　　生活中离不开微笑，同样，销售工作也离不开微笑。因为微笑是一种人见人爱的表情，它给人留下的是宽厚、谦和、亲切的印象，表达出的是对客户的理解、关怀和尊重。乔·吉拉德曾说："当你笑时，整个世界都在笑。"在销售中尤其要注意微笑，因为销售工作本身就是不停地与客户打交道，所以微笑对销售人员来说是非常重要的。

　　俗话说："面带三分笑，生意跑不掉。"就是在告诉我们，做生意的人要经常面带笑容，这样才会讨人喜欢，容易招徕客户。客户花钱来消费，可不愿意看到销售员愁眉苦脸的样子。当客户怒气冲冲地来投诉时，销售员一张紧绷绷的脸只能火上浇油。相反，如果销售员能真诚地对客户微笑，就可能感染客户，使客户改变态度。因此，销售员一定要学会微笑。

　　下面来看一则案例：

　　潘先生是一家游戏软件公司的新销售员。一天，他来到一家网络公司经理的办公室。潘先生很有礼貌地问："经理，不好意思，打扰一下，请问，贵公司需要游戏软件吗？"

"对不起，我们不需要。"经理冷冷地回答道。

潘先生说："没有关系，我可以为你们试一下我们的游戏软件。"潘先生此时仍保持着温和的微笑。

经理："不用了，你走吧。"

听到这里，潘先生终于有点忍不住了，脸色低沉了下去，无奈地离开了客户的办公室。

在上述案例中，如果潘先生能够坚持用微笑去感染经理并说服他，就有可能将产品成功地推销出去。但令人失望的是他并没有坚持下去，而是选择了一走了之，最后只能以失败告终。

在销售过程中，每个客户都想与一个面带微笑、具有亲和力的销售员交谈，没有谁愿意面对一副冷冰冰的面孔。所以销售人员在销售的过程中一定要将自己最美丽的微笑展现给客户。这样不仅可以拉近自己与客户之间的距离，还能让客户对我们产生信任感，促使交易成功。

一位年轻的富翁想买一辆房车，于是他来到一家汽车公司展销台咨询："我想买一辆房车。"推销员例行公事地接待了这位富翁，但是推销员的脸上没有一丝笑容，全程都是冷冰冰的。

这位富翁看到推销员没有笑容的脸就走开了。当他走到下一个公司的展销台前，推销员给予了他热情的招待。待他表达了自己的意图后，那位推销员微笑着说："没问题！我会详细为您介绍我们的产品。"

后来，富翁买下了价值100万美元的房车。在交订金时，他对这位推销员说："我喜欢人们表现出一种他们非常喜欢我的样子，现在你已经用你的微笑向我表现出来了。在这次展览会上，你让我感到了我是一个受欢迎的人。"

由此可见，有时推销员推销的成功与否只在于一个简单的微笑，因为可以满足客户想要受到他人欢迎的心理。微笑是销售员充满自信的表现，同时微笑可以让客户产生亲切感，并能有效地缩短双方的距离，给对方留下美好的心理感受，从而形成融洽的交往氛围。所以，销售员在推销自己的产品时千万不要吝啬自己的微笑，要学会用微笑将客户留住。

销售员不需要把聪明挂在脸上，但时刻不要忘记把微笑挂在脸上。乐观、开朗的笑容可以让客户喜欢你，也可以让客户在你的感染下购买你的产品，同时你的微笑也会在客户的心中留下深深的印象，为以后的成功销售打下坚实的基础。

在销售过程中，无论你遇到什么情况，都要始终把微笑挂在脸上。微笑是销售的一种礼仪，也是销售员必须练就的基本功。当我们用微笑面对客户时，应注意以下几个方面：

1. 微笑要真诚

当你对客户微笑时，一定要流露出真诚的态度。只有你真诚地微笑，客户才会对你的产品真正感兴趣，你才能够收到预想的结果。如果你的微笑很僵硬且没有诚意，客户就会觉得你是在敷衍、忽悠他，认为你很虚假，你的推销注定是失败的。

2. 微笑要及时

销售人员在与客户见面时，首先应该真诚地注视对方，并在对方的目光与自己接触的那一刻及时将自己发自内心的微笑展示给客户，因为此时是打动客户的关键时刻。

3. 微笑要适时

微笑需要看场合。比如，当客户正因某个问题大发雷霆或因为某件事愁眉不展、情绪低落的时候，不懂分寸地对客户微笑往往会引起他的反感。销售人员一定要注意察言观色，懂得适时微笑。

4. 微笑要适度

尽管微笑是销售工作中非常重要的礼仪，是人际交往中最有吸引力、最有价值的面部表情，但是也要适度。

在销售工作中，销售人员需要同客户商谈业务，初次见面的时候可以用微笑缓解彼此之间的紧张和陌生气氛。

但是，如果在介绍产品，需要表现出你的专业素质时也不停地笑，就会给客户留下不认真的印象，从而影响你们之间的合作。

5. 微笑要有艺术性

销售人员微笑的艺术性主要表现在微笑与仪表、举止、谈话内容相结合，从而形成完整、统一、和谐的美。在与客户谈话时，销售人员应注意将微笑和讲话内容相互结合，这样微笑才能发挥出它应有的特殊魅力。那些"皮笑肉不笑""苦笑"只会让人感到虚伪，让顾客感觉到不自然，从而让你与成功擦肩而过。

♥ **销售达人如是说**

微笑是最简单、最省钱、最可行、最容易做到的服务。销售人员一定要学会微笑的礼仪，让微笑增加你成交胜算的筹码！

> • 引言
>
> 在人际交往中，打招呼是联络感情的手段、沟通心灵的方式和增进友谊的纽带，在销售中显得尤其重要。主动与客户打招呼是接近客户的第一步。

主动与陌生客户打招呼，让彼此熟悉起来

在人们的交往中，为建立良好的人际关系，打招呼是一个不可或缺的步骤。销售员面对的客户多是初次见面的陌生人，第一次打招呼给人的印象就很重要。

销售员如何对顾客有礼貌地打招呼是商谈成功的第一步。这一点看似容易，但在实际中并不容易。打招呼尽管人人都会，但要做到得体，还必须是个有心人才行。以下为几种常见的打招呼方式：

1. 切入主题式招呼

"你好，欢迎光临！"这是商家向客户打招呼的普遍用语，听起来显得生硬机械。而如果能投入真情在里面，就会真正起到迎宾的效果。比如，"欢迎光临，卖场商品一律九折"，相信会有更多的人被吸引进来。再如"你好，欢迎光临，这是我店新推出的一款薄荷香型面巾纸"，直接切入正题，简捷有效，使客户在第一时间就被吸引。

2. 游击式打招呼

当商家面对一批又一批的客户时，售货员应合理把握时机并照顾到每一位客户，这是一个经验老道的售货员应该具有的品质。比如，先安抚住前面先来的客户，后应付新来的客户。这样，每一批客户你都能掌控得住，不会冷落任何一批客户。

3. 互动式打招呼

与客户进行互动式打招呼就是和客户的对话有来有往，形成良性互动。与客户打完招呼后可以借机与客户进行交流，开始对产品进行介绍。因为客户是有交流意愿的，只要把握合适，我们都是有机会引导客户需求的。

4. 氛围式招呼

如果你与客户交往时间久了，彼此都熟悉了，这时可以利用生活场景创造和谐氛围。这样既营造了一种朋友见面的感觉，又问候了客户，顺便导出了产品。如"张先生，今天心情不错啊，是不是有什么好事情？"或是"您上次推荐您的朋友在我这买的钢琴，他还满意吧？"等。

以上几种打招呼的方式无非是为了引起客户的注意，接近客户，让自己与陌生客户尽快熟悉起来。因此，我们绝不能轻视和小看打招呼。要有效地打招呼，首先应该积极主动。

吴先生是一位打印机推销员，在公司业绩遥遥领先，他业绩好的秘诀就是主动与客户打招呼。

有一天，一位女士来到他的打印机专卖店挑选打印机，这位女士刚一进门，吴先生就主动上前打招呼，为其介绍各种型号的打印机，可那位女士看了店里所有的打印机之后没有看中任何一款，正准备离开。这时，吴先生又主动对她说："女士，我可以帮您挑选到您最满意的打印机，我很熟悉这座电子商城里的其他品牌的打印机专卖店，我愿意陪您一起去挑选，还可以帮您谈到合适的价格。"

这位女士同意了吴先生的请求，于是吴先生带着这位女士来到了电子商城里别的打印机专卖店。那位女士把所有其他品牌的打印机专卖店都看了一遍，还是没有挑选到她最满意的打印机。

最后，这位女士对吴先生说："我还是决定买你的打印机。老实说，我决定买你的打印机并不是你的打印机比其他店里的好，而是你主动、热情的精神感动了我。到目前为止，我还没有享受过这种宾至如归的服务。"

结果，这位女士不仅从吴先生那里买了好几台打印机，而且在她的朋友圈内为吴先生的打印机免费做宣传，给吴先生介绍了很多客户。

在销售过程中待人接物要始终保持主动，主动会使人感到亲切、自然，从而缩短和对方之间的感情距离。相反，如果在和客户接触的时候，你表现出那种爱理不理的态度，那么客户怎么会买你的产品呢？

人是很容易被感动的，一声小小的招呼就能拉近双方之间的距离。如果有人主动向你打招呼，你是不是觉得挺高兴？因为你感受到了对方对你的尊重和关怀。同样的，当你主动与别人打招呼时，对方也会有相似的感受。因此，如果你想在销售过程中结识更多的人，让自己更受欢迎，就要主动和客户打招呼，而不是被动等待。

♥ 销售达人如是说

当你向客户打招呼时，应该以充满真诚且明亮有神的眼睛注视客户。这种交流能使客户在不知不觉中打开心扉并对你产生信赖，从而容易接受你。这样，你就为开始交谈做好准备了。

● 引言

哈佛大学前任校长伊立特说过："在造就一个有教养的人的教育中，有一种训练是必不可少的，那就是优美而文雅的谈吐。"

优雅的谈吐更讨客户喜欢

在销售过程中一般都要通过交谈来打动客户，善于交谈的销售员在生意场上会得心应手。但一定要注意谈吐要优雅，因为优雅的谈吐体现着一个人的文化修养，同时也是有礼貌、懂礼节的表现。因此，与客户交谈时应注意用优雅的谈吐来赢得客户的好感。

先来看一个案例。

古代，有两个卖杂货的生意人冬天在集市上卖便壶（俗称"夜壶"）。一个生意人在街头卖，另一个生意人在街尾卖。

不一会儿，街头的生意人地摊前有了看货的人，其中一个人看了一会儿，说："这便壶大了些。"街头的生意人马上接过话茬："大了好啊！装的尿多。"人们听了，觉得很不顺耳，便扭头离去。

没多久，街尾的生意人地摊前也有了看货的人，其中一个老人说"这便壶大了些"，街尾的生意人马上笑着轻声接了一句："大是大了些，可您想想，冬天夜长啊！"老人听罢，会意地点了点头，掏钱买走了便壶。

两个生意人在一条街上做同一种生意，结果迥异，关键就在于会不会说话。我们不能说街头的生意人话说得不对，但不可否认，他的说话水平欠佳。而街尾的那个生意人则算得上是一个高明的销售员。他先赞同顾客的话，以认同的态度拉近与顾客的距离，然后，又以委婉的话语说"冬天夜长啊"，这句看似离题的话说得实在是好。这句设身处地的善意提醒使顾客不难明白卖者说得在理，顾客买下来也就是很自然的了。

一句话砸了生意，一句话盘活了生意，不正说明了"优雅谈吐"的重要性吗？

那么，在销售工作中怎样才能让自己的谈吐更加优雅呢？

1. 语言亲切，表情自然

与客户交谈时，销售员应大方得体，表情自然，手势动作不宜过大，不要手舞足蹈，更不要用手指着对方讲话。

2. 谈话避免以自我为中心

在谈话时，销售员应随时注意客户的反应，观察客户的表情、动作，以判断其对谈话的关注程度。一旦发现客户对话题不感兴趣，应立即调整话题。

同时，应避免以自我为话题中心、滔滔不绝、自以为是、炫耀自己，而忽视了客户。另外，要给客户讲话的机会，可以用提问的方式让客户思索并发表见解。

3. 多使用文雅的词汇

多使用雅语能体现出一个人的文化素养，也是尊重他人的表现。比如，你正在招待客人，在端茶时你应该说："请用茶。"假如你先于别人结束用餐，你应该向其他人打招呼："请大家慢用。"只要你的言谈举止彬彬有礼，就能给客户留下较深的印象。

4. 不要谈论个人隐私和粗俗的话题

在交谈中，不要谈论涉及个人隐私、避讳的内容以及对方不希望谈论的事情。要避开粗俗的话题，不要使用粗俗或不雅的口头语，否则会使人感到你素质低下，甚至会冒犯客户。

要成为一个谈吐优雅的销售员，就要在销售场合中有意识地调整、训练自己的言谈举止，不断提高自己的文化素养，从而成为销售场上的高手。

销售达人如是说

说话要讲究措辞文雅，态度自然，同时言辞要富于感情，显示善意。平时要多用清楚、流利、文雅的词语表达自己的意思，以提高自己的表达能力。

● 引言

　　运用礼貌的言语与客户交流，是对客户的尊重，也是促进交流的良好导线。所以在与客户沟通的过程中应多运用一些如"请""谢谢""劳驾""请教""包含""拜托"等礼貌词汇。

说话"礼"字当头，易赢得客户好感

　　礼貌用语到底表达的是一些什么样的意义和内容呢？这样的表达有什么样的好处呢？礼貌用语的使用实际表达的是独立个体之间的尊重和理解，同时它还蕴含着情感色彩和心理需求。在销售时，销售员一定要善于运用礼貌用语。礼貌是打开业务之门的敲门砖。

　　在人际交往中，"你好""请""谢谢"等是经常使用的礼貌用语，这对于销售员来说尤为重要。因为销售员与陌生客户从来没有打过交道，这样的两个人之间必然存在一定的距离感，显然不利于销售的顺利进行。因此努力缩短与客户间的距离就成了交易前要解决的问题，要解决这个问题也并不是很难的事情，礼貌的语言能让销售员轻而易举地获得客户的好感，一句礼貌用语往往能打开客户的心灵之门。

　　例如，销售员在见到客户时通常会说："感谢您在百忙之中抽出时间来接见我，我是……"这样说既表达了对客户的感激之情，也表现出了自己的修养，同时也满足了客户的一种心理需求——被尊重的需求。客户会不知不觉地对这个销售员产生好感，从而愿意和他进一步交谈。

在销售中，如果你善于说礼貌用语，就会给客户一种"良言一句三冬暖"的感觉，你和客户的关系很快就会融洽起来。如果销售员与客户打交道时说话不得体，甚至语言粗俗、满口脏话，那么客户肯定会立即转身离开。

小雪在小区内开了一家玩具店。一天，一个小女孩来到她的玩具店，小雪看到小女孩长得很可爱，就想逗逗她，于是顺口就说："小屁孩，想买什么呀？"

小女孩看了看她说："我才不是小屁孩呢！阿姨不懂礼貌，我不买阿姨的玩具了。"说完，转身就跑了。

小雪笑了笑，认为是小孩调皮，就没放在心上。

过了一会儿，一位老大爷来到店里，在男孩类的玩具前看了很久，小雪猜测很有可能是老大爷给自己的孙子选玩具，于是主动打招呼说："老头儿，我建议您买个冲锋枪吧，现在的男孩子都喜欢玩这个！"

手中正拿着玩具的老大爷听了什么话也没说，放下玩具就离开了。

案例中的小雪不懂礼貌，说话粗俗，因此招致了顾客的反感。经调查发现，没有素质、不懂礼貌的销售员是最不受欢迎的人。要想让客户认可你的产品，首先就要认可你这个人。素质好、修养高的销售员更容易赢得顾客的好感，也更容易赢得客户的信赖。想一想，谁会买没有素质的销售员的产品呢？

在销售过程中，通常会用到的礼貌用语有很多，如"你好""谢谢""很抱歉""别客气""请多关照""合作愉快"等。其实，销售中还要用到很多礼貌用语，在使用这些礼貌用语时需要注意下面几点：

（1）语言要温和亲切，声音不能太高，也不能太小、嗲声嗲气，否则很难让客户对你产生好感。

（2）注意自己的仪表和神情，态度要适当地谦恭。销售人员不能把姿态抬得太高，也不能放得太低，这两种都是不受欢迎的。姿态抬得太高，说话难免趾高气扬，即使是说礼貌用语，也会让对方感觉你很做作；姿态放得太低，说话难免卑躬屈膝，这种情况下使用礼貌用语会让客户误认为你是在曲意逢迎。

（3）使用礼貌用语要有分寸，不能说得太多，也不能在不该省略的地方省略。要做到语言有分寸，还要注意一些非语言因素，如说话的面部表情、肢体语言等都是应该注意的方面。

总之，作为销售员一定要谨记，在和客户交谈时，礼貌用语不可或缺，同时也应该牢记使用礼貌用语时需要注意的事项，这样才能真正赢得客户的好感，拉近和客户之间的距离，为成功销售打下良好的基础。

销售达人如是说

与客户沟通谨记要有礼貌。随意打断客户的话是最不礼貌、最不尊重人的表现。所以无论客户的话有多无趣、多不合你意，你都应等到他说话结束后再开口，切忌打断对方。

· 引言

在销售活动中，每个销售员都需要塑造一个良好的个人形象。其实这是一个简单却非常重要的问题，说它简单是因为只要稍稍注意一下就容易做到；说它重要，是因为它有时会关系到业务的成败。

别让不良的言谈和举止毁了你

销售不只是贩卖产品或服务而已，而是一种人与人接触的过程。客户拒绝你，有时候不是因为你的产品或是服务不好，问题可能出在你个人。因为可能在不知不觉中，你的某些言谈、举止已经引起了客户的不耐烦或反感。

俗话说，"细节决定成败"。在拜访客户时，销售人员一个小小的不良动作或一句不适当的话语都可能破坏会谈，使推销工作陷入僵局。你的一言一行、一举一动关系着拜访的成败。在这方面，就连日本著名的寿险销售大师原一平也犯过类似的错误。

事情发生在原一平刚做销售工作的时候，有一天，他受公司之托去拜访一家酒店老板。这个业务是由公司的老业务员开发的，因而原一平的这次拜访算是回访。出于这样的考虑，原一平当天打扮得很随便，帽子歪戴着，领带也没有系好。

当原一平与酒店老板打招呼时，不愉快的事情发生了："我信任贵公司才投保，难道贵公司员工的穿着就这样随便！"当时，气急败坏的老板很恼火，拒绝原一平请求其继续投保的要求。原一平知道自己错了，不断地道歉才勉强留住了这位客户。

通过原一平的故事我们可以看出，做销售最重要的其实是做人，而做人最直接的体现就是你的言谈举止和气质外表，客户只有先接受了你的外在，才有可能进一步深入接触你，进而接受你所推销的产品。

在现实销售过程中，很多销售员业绩一直都不好很可能是因为客户对他们产生了不好的感觉。这些不好的感觉可能是因为他们的一些不良言谈、行为举止导致的。下面我们来看看有哪些不良的言谈举止。

1. 不良的言谈

（1）神态紧张，口齿不清。销售人员如果在拜访客户时神态紧张、口齿不清，很容易被客户认为是缺乏能力和经验，也可能使客户产生某些猜疑。

（2）说话时唾沫四溅。销售人员如果说话时唾沫四溅，会令客户产生畏惧心理，对其退避三舍，敬而远之。

（3）讲话时夹带不良的口头语。如果销售人员在与客户交流的时候，无意中夹带一些不良的口头语，例如"扯淡"等，会使交谈结果大打折扣。

（4）夸夸其谈或高谈阔论。夸夸其谈容易导致行为失礼，高谈阔论则会让客户感觉你目中无人。试想，一个毫不顾及旁人感受的人又怎么会为客户提供好的服务呢？

2. 不良的举止

（1）在客户讲话时，销售人员东张西望，或打哈欠、伸懒腰，显得无精打采，会让客户觉得你精神不佳或不耐烦。

（2）说话时眼睛不看客户。这样做不仅有失礼貌，而且容易使客户认为你心中有鬼或讲话不真实，从而对你产生怀疑。所以，讲话时要用自然的眼光看着客户。

（3）挖鼻子、掏耳朵或削指甲、舔嘴唇、当众搔痒，这些不雅的动作会让客户感觉不舒服，还会使销售人员的形象一落千丈。

（4）当着客户的面照镜子。销售人员如果在客户面前照镜子，会显得对自己的容貌过于注重或没有自信，也是目中无人的一种表现，容易引起客户的反感。

（5）在客户面前吸烟。拜访客户时最好不要随便吸烟，尤其不要在一个不吸烟的客户面前吸烟。因为这是一种不尊重对方的行为，这样做不仅会令对方感到不舒服，还会令他对你避之唯恐不及。

（6）坐相不好。双脚叉开、前伸，人半躺在椅子上，或者用脚敲打地面发出咚咚的响声，或者两腿来回晃动，这些都显得你非常懒散或不耐烦，对客户不尊重。

了解了哪些是不良的言谈举止后，销售人员拜访客户时一定要注意言谈举止，纠正习以为常的坏习惯，将最佳的状态展现给客户。

销售达人如是说

每个人都希望被尊重和重视。因此，销售员面对客户时一定要注意自己的言谈举止，改掉一些不良的习惯，别让它们毁了你在客户面前美好的形象。

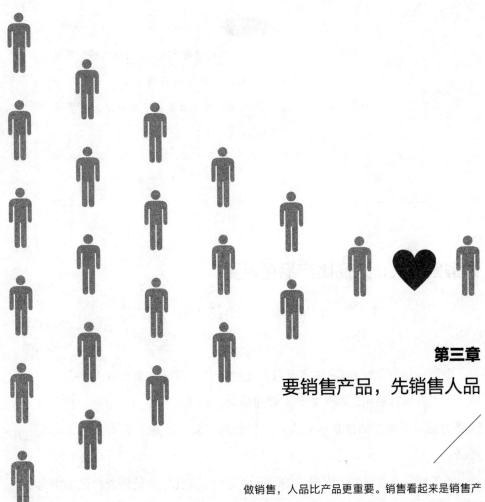

第三章

要销售产品，先销售人品

做销售，人品比产品更重要。销售看起来是销售产品，更深层的其实是销售你的人品。以优良的人品交朋友，你的销售活动才会顺利进行。

• 引言

销售同样的产品，为什么别的同事可以成交、业绩做得那么好，自己却做不到呢？因为成交除了看产品，还要看人品。

做销售的人，人品比产品更重要

歌德说："你出身高贵或者低贱都无关紧要，但你必须有做人之道。"

做人做事做销售，都是如此。要想成功，必须得有能力，但有一样东西比能力更为重要，那就是你的人品。销售的精髓之处在于先卖人品，再卖产品。

香港巨富李嘉诚先生刚出道的时候还是小学文化，他凭借着自己的实力位居香港十大财经人物之首，被评为全球最具影响力的商界领袖之一。他向世人道出了自己成功的秘诀，那就是"厚道做人，广结善缘"。他多次说："要想在商业上取得成功，必须先学做人，因为世情才是大学问，世界上每个人都聪明，要令人家信服并喜欢与你交往才最重要！"

我们不妨也学学李嘉诚先生的生意经：做销售，先销售人品，再销售产品。

周先生是一名销售医疗器械的业务员。有一次，他准备带上设备去某医院，临出发前听说那家医院新开了个门诊部，正好当天开业，于是他灵机一动，赶紧去花店订购了四个花篮一起带上。

到了医院他就直奔新开的门诊部，门口已经放了不少花篮，不过都是医院自己准备的，去的嘉宾里只有他带了花篮。院长非常感动，留他中午一起吃饭，在吃饭的过程中，医生跑过来告诉院长周先生带来的设备坏了。在通常情况下，医院是不可能接受这样的问题设备的，当然货款也不可能给他，这下他慌了。但意外的是，院长却反而安慰他说："没关系，设备留下，下午就打款，过几天你给我换个新的就行了。"

这就是人品的力量，院长从周先生的细心和真诚中感受到了他值得信赖。买花篮只花了几百块钱，但如果这一单搞砸了，损失的则是几万块。周先生的销售业绩一直雄居公司首位，其实他貌不惊人，才不压众，凭什么就这么厉害？用他自己的话说，就是"用心"。

我们再来看一个案例。

一位销售人员在春节前给某老客户打了个电话，开玩笑地说："怎么样，给兄弟做一单吧，凑点路费。"对方笑着说："你来吧！"就这样，他早上带着设备出门，连现场测试都没做，下午就带着全款回来了。这在其他同事看来简直是不可想象的事情，他却轻松做到了。问他缘故，他说："上次去的时候，他们单位经费很紧张，那一单我按照公司给我的底价给了他，非常便宜，自己一分钱没赚着，还赔了路费。这让他非常感动，总觉得欠我一个人情，所以承诺以后有需要就先照顾我。"

销售产品前要先销售人品，人品有了，就不愁产品销售不出去了。

销售是与人打交道的工作，在销售活动中，人和产品同等重要。客户购买产品时不仅要看产品是否合适，还要考虑销售人员的人品。简单地讲，就是让客户喜欢你、信任你、尊重你、接受你。

客户之所以购买你的产品，是因为对你有好感，喜欢你、信任你、尊重你。一旦客户喜欢并信赖你，自然会接受你的产品。反之，如果客户喜欢你的产品但不喜欢你这个人，买卖就很难做成。

销售达人如是说

把你优秀的一面展现给客户。如果客户喜欢你、信任你、尊重你，那你的销售就成功了一半。

● 引言

销售的过程是销售员与客户沟通谈判的过程，通过与客户的沟通取得客户的信任，进而让客户订购产品，达到成交的目的。对客户诚信是销售员最基本的素质，诚信比成交更重要。

销售员的诚信比成交更重要

诚信是人的基本美德，无论何种职业，诚信都是最大的职业道德规范。人们之所以信奉诚信，就是因为诚信能在人与人之间的交往中起到沟通的作用，使双方彼此信任，愉快相处。那些销售业绩很好的销售高手们大都是讲求诚信的人。

对于销售人员来说，成交是最终目的，但它不是唯一的目的，我们只有建立个人的诚信体系，才能获得更多的经济效益。

一个犹太人在印第安人居住的部落附近开了一家店铺，但印第安人围着店铺只看不买。这时印第安酋长来了，他挑了四样东西，跟老板说明天拿四块貂皮来付账。

第二天，酋长却拿来了五块貂皮给老板，而且第五块是特别珍贵稀有的那种。老板却说："你只欠我四块貂皮，我只收下我应得的。"推让了半天后，酋长满意地笑了。

随后酋长走出店铺对外边的印第安人说："来吧！跟他做买卖吧！他不会欺骗我们印第安人！"

当天，老板店铺里就堆满了貂皮，抽屉里也塞满了现金。再后来，这个老板成了远近闻名的商人，成了当地少有的百万富翁。

这个故事告诉我们：做销售，做买卖，讲究两个字——诚信。说到就一定要做到，这不仅是经商之道，还是做人之道。

诚信是做销售的基本保证，没有诚信就做不了销售。销售人员在工作中不讲诚信，愚弄、欺骗客户，表面上看是损害了客户的利益，实际却是在损害自己的利益，因为客户会吃一堑长一智，最多只上一次当。

林肯说过："一个人可能在所有的时间欺骗某些人，也可能在某些时间欺骗所有的人，但不可能在所有的时间欺骗所有的人。"对于销售员来说道理也同样如此。销售员耍的小聪明、小手段即使偶尔取得成功，这种成功也是短暂的，要想赢得客户的信赖，诚信才是永久、实在的好办法。

自古以来，做生意都信奉"人无信不立，店无誉不兴"。如今，诚信是销售员价值连城的无形资产。良好的个人信誉是一个立足长远的销售员应当具备的最基本的品行和能力。成功的销售员之所以业绩突出，就是因为他们坚持诚信为本，坚信诚信比成交更重要。

古时候有个年轻人叫张三，在集市上开了家酒馆，取名"实惠酒家"。

开始的时候，他店里的东西卖得很实惠，碗大，酒香，价钱便宜。每天生意兴隆，客人爆满，不到天黑酒就卖完了。张三看在眼里乐在心里，为了赚得更多，他动了歪脑筋，把大碗变成小碗，但还是大碗的价钱，并且欺骗客人说在酒里加了名贵的中草药。

由于客人相信张三的话，人不但没少，还比以前更多了。张三于是赚了不少钱，他尝到甜头后又往酒里加水，而且越加越多，慢慢地，客人便越来越少了。

一天，店里来了一位白胡子老先生，问张三："你这店里怎么会这么冷清啊？拿笔来，我告诉你一个秘方。"张三拿来纸笔，老先生写了两个字：诚信。张三于是把酒馆的名字改为"只赚一文钱"。

从此，张三诚信经营，坚持一碗酒只赚一文钱。没过多久，店里的生意又兴隆起来了。

做销售需要精明，但精明不等于欺骗。许多人都认为说谎、吹嘘等手段在销售过程中是值得一用的，甚至认为是必需的。他们制作虚假广告，以欺骗手段诱导消费者购买；以回扣的方式贿赂消费者，贬低竞争对手的产品甚至侮辱对方的人格，混淆产品和服务的来源等。殊不知，当他们的钱包鼓起来的时候，自己失去的比得到的要多得多。

自古以来，做生意的第一要诀就是讲究诚信，只有真诚待人才能做成大生意。而弄虚作假只能是一锤子买卖，终究会弄巧成拙，难逃失败的命运。俗话说"百金买名，千金买誉"，这说明了信誉的重要性，"誉"比"名"还可贵，同时也说明信誉是要花大力、下大本钱才能形成的。

所以，销售员要想成功，诚信是最好的策略，不诚信的代价是惨重的。一个能说会道而心术不正的人能够说动许多人以高价购买低劣甚至无用的产品，但由此产生的损失更大：客户损失了钱，也多少丧失了对他的信任感；销售员不但损失了名誉，还可能因这笔一时的收益失去整个成功的事业。

销售达人如是说

诚善于心，言行一致。在销售过程中，销售员应加强职业操守的修炼，忠于职守，诚信待人，诚信服务，对客户负责，对企业负责。

● 引言

很多时候，客户百般挑剔、故意找茬，目的是想获得更多的砍价砝码，这时我们可以据理力争。但有时确实是产品本身的问题，如果真是这样，销售员就不要强词夺理、故意隐瞒了。

正直做人，不故意隐瞒产品存在的问题

在现实生活中，没有什么东西是十全十美的，既然不完美，就会有缺陷。有缺陷就要让人知晓，刻意隐瞒说明你做人不正直。在销售过程中，这样的事情屡见不鲜。是产品都会有瑕疵，这时销售员想用花言巧语蒙混过关是不可能的。永远不要把产品的缺陷当成一项秘密，那样只会破坏我们的信用。

因此，销售员在与客户交谈时，不但要将商品的优点全部列出来，还要先列出客户可能介意的缺点。

销售员过于完美的推销说辞往往会引起客户的怀疑。一旦客户接触了产品、发现了缺陷，就会产生上当受骗的感觉。销售员只有向客户真实反映产品的优缺点，站在客户的角度考虑问题，才能取得客户的信任。

曾先生是一家房地产公司的销售员，每年的业绩在公司都遥遥领先。

有一次，公司让他销售一块土地，这块土地虽然交通便利，但是紧邻一条高速公路，从早到晚汽车的噪音使一般人难以忍受。这块地皮已经销售三年了，但一直没卖出去，客户拒绝的理由都是噪音问题。

曾先生临危受命，承诺一定完成任务。但如何卖出去，曾先生却陷入苦恼之中。

曾先生先是实地去观察了这块地皮，对噪音进行了监测，然后制定出销售方案，并从自己的客户群里挑选适合买这块地的客户。

曾先生想起有一位客户胡先生想买块土地，要求的价格标准和地理条件与这块土地大抵相同，而且胡先生以前还在火车道旁边住过，那里也是噪音不绝于耳。这样看来，他一定对噪音具有适应能力了。

于是，曾先生去拜访胡先生，首先向胡先生说明："这块土地处于交通便利地段，比起附近的土地价格便宜多了。当然，便宜是有原因的，它紧邻一条高速公路，噪音较大。如果您能容忍噪音，那么它的交通和地理条件、价格标准均与您的要求相符，很适合您购买。"

一星期之后，曾先生带着胡先生去现场参观考察，胡先生很满意。他对曾先生说："上次你特地提到噪音问题，我还以为多么严重，像这种噪音的程度对我来说根本不大。我以前住的地方火车整天来来往往，噪音比这大多了，而且汽车的噪音要好得多，不像火车通过时那样震动门窗。总之，我很满意。你这人真老实，换了别人或许会隐瞒这个缺点，你这么坦白，反而使我很放心。"

就这样，公司多年没卖出去的地皮曾先生顺利地卖了出去。

做销售工作并不一定非要有三寸不烂之舌、把产品吹得天花乱坠才会成功，老老实实说出产品的缺点，有时反倒容易赢得客户的信赖。

但是，现实中很多销售员为了尽快实现成交会把产品的优势说得天花乱坠，忽略产品固有的缺点和不足，甚至百般掩饰和隐瞒。

谢艳是一家商场卖西装的推销员。

一天，一位男客户在购买西装时发现领口、袖口有很多褶皱，于是打算放弃购买。为了挽留客户，谢艳死死地缠着客户让他购买，并企图隐瞒西装上存在的缺陷。

"先生，这款西装的确不错，这些褶皱无关大碍，只是由于长时间积压造成的，回去熨一下即可。"

男客户："新衣服一熨就跟旧的似的，这样多影响形象啊。"

谢艳："先生，实在抱歉，这是最后一件了。您想买就买，不买就算了！"

男客户一听这话，立即借故离开了。

任何一种产品都不可避免地会存在一些不足。作为销售人员，正确的态度是学会正视这些问题，敢于承认，敢于面对，不要执意隐瞒。否则，一旦被客户发现真相，无论销售员再做多少解释都很难挽回客户的信任。

那么，当销售员遇到客户说产品存在问题时，该如何应对呢？

1. 主动说出产品存在的问题

客户眼里从来就没有完美无缺的商品。因此，销售人员在推销时必须主动说出产品存在的缺陷。而且在述说的过程中态度一定要认真，让客户觉得你足够诚恳，值得信赖。

2. 把产品产生问题的原因讲清楚

当产品确实存在问题，尤其是问题被客户提出来之后，一定要把产生这种问题的原因解释清楚，否则很容易引起客户的怀疑和猜忌。

3. 实话巧说，掌握一定的技巧

在告诉客户产品存在问题时，销售人员应实话实说，但也要掌握一定的技巧。有些问题可以说出，有些不能说或者不好说出来的问题销售员一定要格外注意，不要为了博得客户的一时高兴就信口开河。

销售达人如是说

　　在销售过程中，销售员经常会遇到特别挑剔的客户。此时，无论你的产品是否存在缺陷，最重要的一点就是态度要端正，明确产品的优劣势在哪儿，而且要用产品的这些优势去弥补弱势，争取客户的购买权。

● 引言

> 守时是赢得客户信任的前提，一个守时的销售员一般都不会失言或违约，而是可靠和值得信赖的，一个守时的销售员也必将获得客户的尊重。

准确把握时间，守时是一个销售员必备的素质

对个人而言，守时是人际交往的一座桥梁，你的每次守时都会让对方觉得你是一个值得信赖的朋友、一个有教养的人。守时代表了对约定的重视、对时间的珍视，以及对要做的事情的重视，也是对自己信誉负责的表现。守时者会把自己的生活和工作按照时间表安排得井井有条，不会白白浪费自己和他人的时间。

守时是一个人的职业操守，一个人如果连守时都做不到，那么此人的诚信一定不会太好。对销售人员而言守时更为重要，因为你的竞争者很多，你的客户很忙，最重要的是，守时会让客户觉得你可信，可以把订单放心托付给你。

有一位成功的推销员，每次登门推销时总是随身带着闹钟，会谈一开始时他便说："我打扰您10分钟。"然后将闹钟调到10分钟的时间，时间一到闹钟便自动发出声响，这时他便起身告辞："对不起，10分钟已到，我该告辞

了。"如果双方商谈顺利，客户建议继续下去，他就说："那好，我再打扰您10分钟。"于是闹钟又调了10分钟。

大部分客户听到闹钟的声音时都很惊讶，他会和气地解释："对不起，是闹钟声，我说好只打扰您10分钟的，现在时间到了。"这时客户大都夸赞他说："嗯，你这个人真守时。"因此客户对他的印象都很好，他与很多客户都成了朋友，销售业绩自然比其他同事突出。

守时是一个销售员起码的工作准则，也可以说是销售员的一种美德，是你在客户眼中建立起自己信誉的关键一步。

要知道时间是宝贵的，而被我们奉为上帝的客户尤其是大客户、大老板的时间更是宝贵的。如果客户觉得你会占用他太多的时间，他从一开始就会对你产生排斥感。因此，销售员从一开始就要清楚地告诉客户，不会占用他太多时间，而且要说到做到。

守时对销售员来说是一种好习惯。在销售过程中，守时是一种礼貌和信用，它体现了一个人的教养和基本素质，不可小觑。

温先生是一家印刷公司的推销员，他约好与客户王老板见面谈印刷包装礼盒的业务。温先生知道王老板的公司这次印刷包装礼盒的数量很大，想争取谈下这笔生意，于是他准备了精美的样本和公司的相关资料，约好下午三点见面。时间很快就到了，王老板已经在约定地点等候，温先生却迟迟未到。约好的时间已经过去了20分钟温先生才风尘仆仆地赶到，他对王老板解释说是因为路上堵车耽误了20分钟。

可准时对王老板这次要订购的包装礼盒十分关键。这次印刷的包装礼盒必须星期三送到，星期四打包，星期五发到会议现场，迟一点都会造成无法挽回的损失。但温先生第一次见面就不能准时，王老板由此推断温先生的公司很难按时交货，于是不打算与他合作了。

与客户约见一定要准确地把握时间，千万别迟到。迟到意味着不守时，意味着不尊重对方，往往给客户以极坏的印象。所以，销售人员出发前要充分考虑到路上可能发生的意外情况，并将其算在预计时间内。没有人愿意信任一个连时间都保证不了的人，也不会有人愿意同拖拖拉拉、效率低下的伙伴做生意。

守时就是遵守承诺，即使你因为特殊原因不得不失约，也应该提前打电话通知对方，向客户表示歉意。这不是一件小事，它代表了你的素质和做人的态度。如果你对客户的时间不尊重，你就不能期望客户尊重你的时间。一旦你不守时，你就失去了信誉，也就失去了订单。

♥ 销售达人如是说

不守时的人浪费的不仅是自己的时间和生命，也是在消耗别人的时间和生命。不守时的人在浪费自己和别人时间的同时，也会失去朋友。有谁愿意和一个不懂得珍惜时间、不懂得尊重他人的人做朋友呢？

● 引言

　　在竞争激烈的销售市场中，聪明的销
售员不会用恶语攻击对手去取得顾客的信
赖，而会利用对手取得成功的经验和对手
一起成长，并懂得善待自己的竞争对手，
用正确的态度看待竞争对手。

销售，贬低同行等于贬低自己

　　在自然界中，为了生存，动物之间会争抢食物、争抢领地。人类也不例外，面对竞争对手的时候，生存的本能可能会使你最大限度地保护自己的利益而做出损人利己的事情。通过贬低别人、摧毁他人来抬高自己，这样的情形在销售中屡见不鲜。

　　"同行是冤家"，在销售中遇到同行竞争是一件很正常的事。这时你很可能为了竞争而贬低同行，不过奉劝你千万不要这样做，因为贬低同行只会让客户降低对你的评价。所以，销售朋友们切记，在贬低同行的时候其实就是在贬低你自己。

　　马先生是一家房地产中介的业务员，由于他工作勤奋、为人真诚，因此每月的业绩在公司遥遥领先。但同事李先生对他取得的业绩感到非常嫉妒，视他为事业发展道路上的眼中钉。

　　一次，李先生接待了一位有意向购买四套房子的客户，这位客户是马先生的一位老客户介绍来的，因此，他希望能够由马先生为他提供服务。但马先生出差了，于是就由李先生代为接待。

李先生认为报复马先生的机会来了，于是在带着客户去看房子的时候一有机会就向客户数落马先生、贬低马先生。他说马先生为人虚伪狡诈，而且有过欺骗客户的经历等。第三天，客户打来电话，说他不准备通过这家房地产中介购买房子了，因为他想连马先生那么知名的优秀业务员都如此不可信，那么这家公司一定不值得信赖。

得知事情真相的经理当即辞退了李先生，可由此给公司造成的损失却难以挽回了。

当评价同行时，一些销售员往往带有一定的主观消极和贬义的色彩。贬低同行难道真的就可以抬高自己吗？不能！从上面的案例中可以看出，李先生处处贬低马先生，结果是赔了夫人又折兵，得不偿失。

一般来说，对竞争对手的评价最能折射出一名销售员的素质和职业操守。带有明显主观色彩地贬损竞争对手并不能使你的身价抬高，相反，这种做法更表明了你对竞争对手的嫉妒和害怕。客户很少会因为你的贬损而购买你的产品，即使他们会暂时相信你的话，但等到发现事实真相之后他们就会更加鄙视和远离你。

其实，同行竞争和你的关系并不是如水火那样势不两立，由于客户需求和自身产品特点之间的差异，同行竞争之间常常可以取长补短，互通有无。因为这是真真正正站在客户的立场上为满足客户实际需求而服务，你的这种付出一定会获得相应的回报——客户会充分感受到你对他的好意，当他们下次有需求时一定会首先考虑到你，而且他们还可能为你带来更多的客户资源，竞争对手也会因为你的大度而不再吝惜转介绍那些不适合他们但非常适合你的客户资源。

　　赵女士和胡女士都是某家商场的销售员，俩人卖的产品都是化妆品，只是产品功能不同，所以更多的时候俩人是竞争对手。她们都有着非凡的销售业绩，在各自的公司都是销售冠军。

　　她们之所以能够取得这样的成绩，是因为她们除了懂得利用各种技巧打动客户之外，还愿意把不适合自己公司化妆品的客户介绍到竞争对手那里。

　　赵女士销售的化妆品主要是针对中干性肤质的客户，而胡女士销售的产品则适合油性和敏感性肤质的客户。所以，一旦有客户光临她们的柜台时，她们就会针对客户皮肤的具体情况和产品的特点给予最中肯的建议。如果发现有的客户的肤质更适合竞争对手的产品，她们也会毫不犹豫地跟客户说："您的这种肤质用我们的产品不如用对面那家店的化妆品效果好，我觉得那个品牌的化妆品更适合您的皮肤，您可以到对面的店看看……"

　　俗话说，"众口难调"。客户的需求总是各不相同，而企业开发产品的能力又是极其有限的。如果你所销售的产品无法满足客户的某些需求，而你的竞争对手的产品却可以满足客户的需求，这时不妨把客户引荐给你的竞争对手，借助他们的力量往往可以在满足客户需求的同时使你赢得客户的信赖和竞争对手的尊敬。

　　在销售过程中，销售员要懂得处理好与竞争对手之间的关系，不要因为想拉客户而中伤对手，那样做往往得不偿失，聪明的销售员懂得利用对手来留住客户的心。

♥ 销售达人如是说

　　如果竞争对手有缺点和问题，我们不要幸灾乐祸，也不要夸张放大，而应该实事求是。与竞争对手互通有无，是提高销售业绩的明智方法。

● 引言

善待每一位客户、对所有的客户一视
同仁是销售工作的基本前提，那种轻视客
户、看不起客户、区别对待客户是销售工
作之大忌。

一视同仁，友善对待每一位客户

从销售角度来讲，一视同仁的本质是尊重每一位客户。消费者千千万万，购买的产品千差万别，所以需要销售人员把握不同消费者的购买能力和消费特征，做到一视同仁。绝不能凭借外表就厚此薄彼，更不能误以为客户穿着光鲜就有实力买高价商品，态度就"特别好"，穿着朴素就只能消费"特价商品"，对待客户的态度就"特别差"。

这里说的一视同仁是指我们必须从内心深处尊重每一位进店的客户。

坚定"进门都是客"的理念，就算是你认为不符合本店消费标准的顾客，也要像对待一般的客户一样对待他们。

做生意做到一视同仁，不仅会让来到店铺的客户感觉很舒服，同时也是对自己尊严的一种维护。所以，如果想要店铺生意更红火、店铺生存更长时间，一定要注意我们对待客户的态度。

日本商家会非常认真地对待每一位顾客，善于争取每一位顾客。一次，一家大型超市快要下班了，这时一个顾客前去购物，超市广播传来"各位员工，还有一位客人在我们店中，请大家不要离开工作区，各就各位"的声音时，那位顾客这才恍然发觉偌大的超市中只剩下他一个人，超市早已过了下班时间。于是，那位顾客很快挑选了几件商品离开了。他在经过的服务区域时看到货物摆放井然，所有的服务员都对他笑脸相送，电梯口的值班经理也对他躬身相送，并说："感谢光临！"

不要小看每一位客户，应认认真真地对待每一位客户。不论客户是贫穷还是富有，他们都是"上帝"，都应该得到热情的接待，都值得我们用心地服务。

当一个销售员怀有嫌贫爱富的心理时，他的感情天平已经严重倾斜。客户是不会对不以自己真情对待自己的销售员产生好感的。

嫌贫爱富会让你失去很多成交机会。因为，从销售角度来讲，客户可能很穷，但未必就不买你的东西；客户可能很富，但未必就对你的产品感兴趣。

小庞是一家柴油机生产企业的销售服务工程师。他从事产品售后服务十多年来，处理柴油机大小故障两万多次。他的客户中有拥有几十台柴油机的工厂大客户，也有只有一台柴油机的种田农民。客户虽然有大小之分，但在小庞看来，他们都是自己的客户，他都一视同仁地友善对待每一位客户。

一次正值早稻收割季节，有一位收割机用户在收割早稻作业时发现柴油机冒烟，转不动了，收割机坏在了稻田中央，用户情绪非常激动，执意要求经销商退机。接到公司的客服电话后，小庞很快就赶到了现场。

当时正值农忙季节，时间就是金钱，小庞充分理解用户的心理，一边忍受用户的情绪发泄，一边凭着自己多年的经验检查机器，最后判定是使用不当等原因导致曲轴烧瓦，需要大修。

小庞耐心向用户解释情况，并承诺第二天一早保证能正常使用。在征得用户谅解后，小庞二话不说，自己动手在收割机底下挖了一条深沟，再在发动机下放一只箩筐，自己蹲在里面拆曲轴。等配件送到时，小庞顾不上吃饭就跟同事继续抢修。

直到当天晚上十点多，机器才调试正常，此时，小庞感觉到浑身像散了架似的酸痛。看着修好的收割机和泥人一样的小庞，用户被深深感动了，执意邀请小庞他们去家里做客，事后还送上了一面锦旗表示感谢。

从以上事例中可以看出，销售员不能歧视任何客户，客户不分大小，对每一个客户都要待之以礼，同时应重视小客户，给他们提供与大客户平等的服务。千万不可"从门缝里看人"，对任何客户都要客气、礼貌。

我们应该秉承"顾客就是上帝"的态度来与他们合作。在这个问题上，态度决定一切，我们万不能视大客户为"财神"，对其的无理要求也忍痛答应；也不能蔑视小客户，认为他可有可无，对其正常要求也置之不理；更不能恶意欺骗客户以图眼前利益，否则将断送企业的未来。

销售达人如是说

不论大客户还是小客户都是客户，都应该一视同仁。在制定销售政策尤其是价格政策上必须公平，不能对小客户采取歧视态度。与客户谈价格时应该保证市场价与出厂价之间有合理的差价，保证大小客户都有合理的利润。

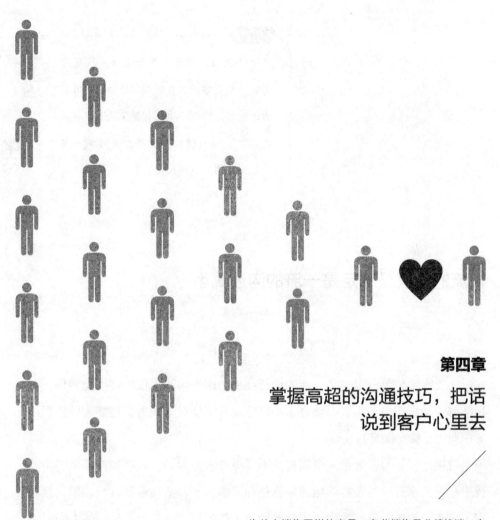

第四章

掌握高超的沟通技巧，把话
说到客户心里去

为什么销售同样的商品，有些销售员业绩惨淡，有
些却业绩不凡？为什么有些销售员总会遭到客户的
厌恶，有些却能和客户打成一片？这其中的奥秘就
在于能否把话说到对方的心坎上去，也就是要学会
说客户想听的话，客户想听的话就是客户感兴趣并
且对他有好处的话。

> **· 引言**
>
> 　　会说话，销售就如坐电梯般顺畅轻松；不会说话，销售就如爬楼梯般费时费力。销售工作是一项既有意义又充满挑战的工作，而超强的沟通能力是排第一位的，出色的销售员一定也是沟通高手。

一流的销售员一定是一流的沟通高手

　　一流的销售员一定也是一流的沟通高手。因为沟通不仅能够推动销售，也能够推动管理组织和资源整合，不仅能提升销售员的能力，也能为以他后的职业生涯奠定良好的基础。

　　营销专家认为，如果一个销售员不懂得与客户沟通，就犹如在茫茫的黑夜里行走，永远只能误打误撞。销售是沟通的艺术，把话说到客户心里，就有了成交的希望。良好的沟通贯穿于销售工作的整个过程，而沟通能力的强弱也将影响着每一个环节，决定着销售工作的成败。

　　我们在生活和工作中经常需要与别人进行沟通，销售员开展业务更是每时每刻都离不开沟通。每一个销售员都要不断学习和演练，不断提高自己的沟通能力。一个业绩突出的销售员必定也是一个会沟通的销售高手。

　　销售员是以销售商品、服务为工作主题的从业者，在社会商业化活动中起着重要的作用。客户购买商品时往往会精挑细选，精打细算。有些客户是来店里逛一逛饱饱眼福的，有些客户是因为款式、质量或价格等原因未称心如意而没能成交的。面对种种不同状况，优秀的销售人员要善于说服客户，打消客户的顾虑，促成交易。

晓燕是一家高档男性服装专卖店的销售员。有一天，有一位男顾客选中了一套西装，但嫌价格太贵而迟迟没有付账。晓燕看到了这种情形便微笑着说："先生，这可是名牌，自然会贵一些，但对于您来说应该不算贵。一看您这身打扮就知道您是一位成功人士。像您这样的身份，只有这样高档的衣服才配得上啊！"那位男顾客听到这里便不再讨价还价，而是笑呵呵地付了账。

有一次，一位男顾客嫌衣服的颜色太深，不想买了。晓燕脑子一转，马上说："颜色深能显成熟，成熟美可是男性'综合魅力'中最耀眼的闪光点哦！刚才已经有好几位大老板买了这个款式和这种颜色。"

还有位客户嫌衣服颜色太浅，晓燕就说："颜色浅能显得人朝气蓬勃，充满活力，给人一种帅气冲天、魅力四射的感觉啊！"

晓燕总是能见什么人说什么话，给足顾客面子，从而让这些顾客心甘情愿地掏出钞票。

面子对于某些顾客来说远远比金钱重要，销售员一旦抓住顾客的这个软肋，成交自然就水到渠成了。晓燕正是抓住了顾客的这一心理，让他们找到了当"上帝"的感觉。她把那位男士说成是"成功人士"，并说"高档次的衣服"才配得上"有身份的人"，就算那位客户没有什么身份，恐怕也只好"打肿脸充胖子"，毫不犹豫地按原价买下那身"名牌"。当顾客挑剔衣服的颜色时，她又把每一种颜色的优点展示出来，正好迎合了顾客"爱美"的心态，从而促成了生意。

归根结底，晓燕与顾客沟通时非常善于满足男顾客们爱面子的心理，从而做成了一笔又一笔生意。一流的销售员必定是一流的沟通高手，这也是销售高手与一般销售员的区别所在。

对于销售员来说，把产品或服务迅速销售出去是再重要不过的事情。销售员要做好销售工作，就必须能准确识别客户的沟通风格，然后根据不同的情境与客户展开灵活有效的销售沟通。

那么，销售人员该如何和客户沟通呢？

1. 说话简洁明了

和客户交谈时，说话必须要简单明了。要两三句话介绍完，语速要慢一点，不能拖沓。

2. 不要讲太多专业术语

在与客户交谈的时候，销售员要少用一些专业性术语，如果在沟通介绍中有一大堆专业术语，客户听不懂，像坠入云里一样，就会很容易产生抵触和厌恶心理，所以销售人员在介绍的时候要尽量用一些简单易懂的话语来替换那些专业术语，双方客户才会听得更明白，这样沟通起来才会更顺畅，销售过程才会更顺利。

3. 面对客户提问，回答要全面

客户提问的时候一定要回答全面，不要有遗漏，在回答的时候不是滔滔不绝就好，更不是越多越好，而是越精、越全面越好。客户在了解产品的时候要一次性地回答客户的问题，全部回答完了，客户弄清楚了，也就不会多问了。

4. 不要用反问的语气来驳斥客户

在销售过程中不要用一些反问的语气来驳斥客户，如果在交谈过程中客户提出了恶意问题，要以微笑和合体的语气来回答客户的问题，切忌变得不理智。

5. 不要谈与销售无关的和主观性的议题

与客户进行沟通的时候要控制好客户的话题，否则很容易被客户"牵着鼻子走"。所以，在进行沟通的时候，和销售无关的东西最好不要谈，一些主观性的议题也应该尽量避免。

销售达人如是说

销售是一门艺术，而销售中的沟通更要讲究技巧。毫不夸张地说，沟通能力是一个销售员最重要、最核心的技能。留住顾客、提升业绩，是每一个销售员都想要达到的目标，而与顾客良性沟通、建立友好关系是销售的第一步。对销售员来说，沉默不可取，会说才是金。

● 引言

> 俗话说："想钓鱼，就要先知道鱼吃什么鱼饵。"同样，要想吸引客户，就一定要知道客户的心里在想什么、最需要什么，这样才能在与客户打交道的时候把话说到对方心坎上。

知己知彼，猜透客户的心思好说话

一名销售员要想成功地销售出自己的产品，就要记住一点：猜透客户心里想什么、最需要什么。只有明白了这一点，在与客户打交道的过程中，你才知道该如何与客户说话。

我们先来看一个经典的案例。

一位老太太每天去菜市场买菜买水果。一天早晨，她提着篮子来到菜市场，遇到第一个小贩是卖水果的，他问老太太："您要不要买一些水果？"老太太说："你有什么水果？"小贩说："我这里有李子、桃子、苹果、香蕉，您要买哪种呢？"老太太说："我正要买李子。"小贩赶忙介绍："我这个李子又红又甜又大，特好吃。"老太太仔细一看，果然如此。但老太太摇摇头，没有买，走了。

老太太继续在菜市场转，遇到了第二个小贩。这个小贩也像第一个一样问老太太买什么水果。老太太说："买李子。"小贩接着问："我这里有很多李子，有大的，有小的，有酸的，有甜的，您要什么样的呢？"老太太说："要买酸李子。"小贩说："我这堆李子特别酸，您尝尝？"老太太一咬，果然很酸，老太太吃不了，但越酸她越高兴，于是买了1斤李子。

老太太继续在市场转，遇到第三个小贩，同样问老太太买什么。老太太说："买李子。"小贩接着问："您买什么李子？"老太太说："要买酸李子。"小贩很好奇，又接着问："别人都买又甜又大的李子，您为什么要买酸李子？"老太太说："我儿媳妇怀孕了，想吃酸的。"小贩马上说："老太太您对儿媳妇真好！儿媳妇想吃酸的说明她想给你生个孙子，您要天天给她买酸李子吃，说不定真给您生个大胖孙子！"老太太听了很高兴。

小贩又问："那你知道不知道孕妇最需要什么样的营养？"

老太太说不知道。小贩说："其实孕妇最需要的是维生素，因为她需要供给胎儿所需的维生素。所以光吃酸的还不够，还要多补充维生素。"

小贩接着问："那您知不知道什么水果含维生素最丰富？"老太太还说不知道。

小贩说："水果之中，猕猴桃含维生素最丰富，所以您要经常给儿媳妇买猕猴桃才行！这样，您儿媳妇一定能生出一个漂亮健康的宝宝。"老太太一听很高兴，马上买了一斤猕猴桃。当老太太要离开的时候，小贩说："我天天在这里摆摊，每天进的水果都是最新鲜的，下次来就到我这里来买，还能给您优惠。"从此以后，这个老太太每天都在他这里买水果。

从这个案例中，我们可以看到：第一个小贩急于推销自己的产品，根本没有探寻老太太心里在想什么，自认为自己的产品品种多而全，结果什么也没有卖出去。

第二个小贩有两个地方比第一个小贩聪明，当他探寻出老太太的基本需求后并没有马上推荐商品，而是进一步纵深挖掘老太太的需求。当明确了老太太的需求后他推荐了与其对口的商品，很自然地取得了成功。

第三个小贩是一个销售专家，他的销售过程非常专业。他首先探寻出老太太最需求什么，然后再扩大老太太的需求，最后推荐合适的商品满足老太太的需求。

在生活中，销售技巧无处不在，第三个商贩了解老太太的需求后挖掘出了更多的需求，是因为他善于站在老太太的角度考虑问题，和老太太处好关系，快速取得了老太太信任，赢得了进一步销售的机会。

要想成为一名出色的销售员，就要善于分析、思考客户的购买心理与动机，探询客户的真正需求。要知道，购买行为的背后往往存在着客户的某些特殊"感觉"和价值观。因此，销售员应想办法猜透客户心里想什么、需要什么，之后才能有针对性地说话。

销售达人如是说

客户的每一个购买行为背后肯定隐藏着他的某种需求。他为什么来看你的产品？是因为物美还是价廉？总之，知己知彼，猜透客户的心思，了解他们的真正需求，才能与他们更好地交谈。

● 引言

　　推销员与准客户交谈之前需要适当的开场白。开场白的好坏几乎可以决定一次访问的成败，换言之，好的开场是推销员成功的一半。

精彩的开场才会有精彩的结局

　　销售中最常见的方法莫过于登门拜访，当你作为一个陌生人第一次敲响客户的大门时，你想过怎样说第一句话吗？

　　每个销售员对每次访问时该谈些什么话题都会感到非常棘手，即使再老练的销售员，也很少有人认为自己对这个问题非常有把握。尤其是和从未见过面的人谈话时，人们更会感到紧张。

　　推销员与客户面谈之前也需要适当的开场白，好的开场白是推销成功的一半。

　　日本有一位人寿保险推销员，他的名片上印着"76600"的数字，客户感到奇怪，就问："这个数字什么意思？"推销员反问："您一生中吃多少顿饭？"几乎没有一个顾客能答得出来。推销员接着说："大约76600顿。假定退休年龄是55岁，按照日本人的平均寿命74岁计算，您还剩下不到19年的饭，即20805顿……"这位推销员用这张新奇的名片吸引住了顾客的注意力，使客户与他自然地攀谈起来。

开场白要达到的目标就是要吸引客户的注意力、引起对方的兴趣，使其愿意和我们继续交谈下去。案例中的保险推销员就是通过与众不同的新奇方法吸引了客户，向促成销售迈进了一步。

那么，销售员应该怎样才能通过短短的几句话成功吸引客户的注意力呢？下面就给大家介绍几种创造性的开场白。

1. 金钱

几乎所有人都对钱感兴趣，省钱和赚钱的方法很容易引起客户的兴趣。比如：

"张经理，我是来告诉你贵公司节省一半电费的方法。"

"陈厂长，你愿意每年在毛巾生产上节约5万元吗？"

2. 真诚的赞美

每个人都喜欢听到好听的话，客户也不例外。因此，赞美就成为接近客户的好方法。比如：

"王总，您这房子的大厅设计得真别致。"

"恭喜您啊李总，我刚在报纸上看到您的消息，祝贺您当选十大杰出企业家。"

值得注意的是，赞美客户要先经过思索，并且要有诚意，否则就变成拍马屁了。

3. 利用好奇心

探索与好奇是一般人的天性，神秘奥妙的事物往往是大家所注目的对象，因此推销员可以利用人人皆有的好奇心来引起客户的注意。

例如，某地毯推销员对客户说："每天只花一毛六分钱就可以使您的卧室铺上地毯。"客户对此感到惊奇，推销员接着说："您卧室12平方米，我厂地毯的价格每平方米为24.8元，12平方米需297.6元。我厂地毯可铺五年，一年365天，这样平均每天的花费只有1.6角钱。"

这位推销员首先制造神秘气氛，引起客户的好奇，然后在解答疑问时就能很巧妙地把产品介绍给顾客。

4. 提及有影响的第三人

告诉客户，是第三者（客户的亲友）要你来找他的。这是一种迂回战术，因为每个人都有"不看僧面看佛面"的心理，所以大多数人对亲友介绍来的推销员都很客气。比如：

"何先生，您的好友张安平先生要我来找您，他认为您可能对我们的印刷机械感兴趣，因为这些产品为他的公司带来了很多好处与方便。"

"李厂长，××公司的张总采纳了我们的建议后，公司的营业状况大有起色。"

打着别人的旗号来推介自己的产品的开场方法虽然很管用，但要注意，一定要确有其人，绝不要自己杜撰，否则，客户一旦查起来就要露出马脚了。

为了取信客户，开场时提及第三人若能出示引荐人的名片或介绍信，效果更佳。

5. 提出问题

推销员开场时可以直接向客户提出问题，利用所提的问题来引起客户的注意和兴趣。比如：

"张厂长，您认为影响贵厂产品质量的主要因素是什么？"产品质量自然是厂长最关心的问题之一，推销员这么一问，无疑能引起对方的兴趣。

在运用这一技巧时应注意，推销员所提的问题应是对方最关心的问题，提问必须明确具体，不可言语不清楚、模棱两可，否则很难引起客户的注意。

6. 表演展示

推销员利用各种戏剧性的动作来展示产品的特点最能引起顾客的注意。

例如，一位消防用品推销员见到客户后，并不急于开口说话，而是从提包里拿出一件防火衣，将其装入一个大纸袋，旋即用火点燃纸袋，等纸袋烧完后，里面的衣服仍完好无损。这一戏剧性的表演使客户产生了极大的兴趣。

7. 向客户求教

推销员可以利用向客户请教问题的方法来引起客户的注意。比如：

"王总，在计算机方面您可是专家。这是我公司研制的新型电脑，请您指导，在设计方面还存在什么问题？"受到这番抬举，对方就会接过电脑资料信手翻翻，一旦被电脑先进的技术性能所吸引，推销便大功告成了。

有些人好为人师，喜欢指导、教育别人或显示自己。这时推销员有意找一些不懂的问题，或懂装不懂地向客户请教，一般而言客户是不会拒绝虚心讨教的推销员的。

8. 利用赠品

每个人都有贪小便宜的心理，利用赠品就是利用人类的这种心理进行推销。很少人会拒绝免费的东西，用赠品作为敲门砖，对客户而言既新鲜又实用。

销售达人如是说

在面对面推销中，说好第一句话是十分重要的。大部分人在听销售员第一句话的时候要比听后面的话认真得多。听完第一句话后，许多客户会自觉或者不自觉地决定是尽快打发销售员还是准备继续谈下去。因此，只有精彩的开场才能迅速抓住客户的注意力，并保证销售能顺利进行下去。

· 引言

　　对于销售员来说，最重要的是赢得客户的信任，使其最终购买我们的产品。不过，这需要销售员高超的说话技巧，清晰明了的表达、专业的产品介绍是赢得客户信赖的武器。

说好专业话，才能赢得客户的信赖

　　商场里出现了这样的一幕：

　　"导购员，这台洗衣机为什么比那一台贵那么多钱？"一位顾客问。

　　"因为这一台比那一台要好些。"导购员回答道。

　　"这个我清楚，可是我想知道的是，到底好在哪里？它有什么突出的优点，要值那么多钱？"顾客不依不饶。

　　"嗯，这个我不清楚，我只负责卖。"

　　对于销售员来说，仅仅博得客户的好感是不够的，更重要的是赢得客户的信任，使其最终购买你的产品。因此，有关产品的专业知识是销售员必须掌握的。客户往往喜欢和见多识广、受过良好教育、能专业解决其需求的人打交道，而不会在一个只装半葫芦水的人身上浪费时间。

　　因此，销售员必须让客户觉得你是他们的专家、顾问，你是用产品或服务来帮客户解决问题的人，而不仅仅是个销售员而已。而且，现在许多客户本身也是专家或者半个专家，他们在对于某种商品产生需求时会尽可能去了解产品的信息。这时，如果你没有专业的知识和能力，那么如何能赢得客户的信赖呢？

刘强是一家汽车销售公司的销售员，他在公司的销售业绩月月领先于其他同事，究其原因是因为刘强拥有很强的汽车专业知识。

一天，有一位客户来看车。刘强热情地迎上去。他给客户介绍了公司的各种车型和不同品牌的汽车，客户最后看中了一款车，但是对车的发动机性能有点不太满意。

这时刘强打开了发动机舱盖，启动发动机。然后，倒了半杯水放到发动机盖上，接着，他踩油门给发动机加油，发动机的转速从一千多转逐步上升到五千多转。

在踩油门加速的过程中，刘强让客户一边盯着水杯看，一边侧着耳朵认真听。大概持续了五分钟之后，刘强问客户发动机怎么样？

客户笑着说不知道。刘强告诉客户，他修了16年的车子，得出一个经验，车子好不好关键在发动机，而要看一个发动机好不好只看两个方面就足够了：一是看发动机的振动程度，二是看发动机的噪音水平。发动机的振动程度大小是衡量它的性能水平的一个重要指标。一般来说，振动性越小的发动机，它的制造精度和装配工艺就越好，使用起来更加可靠，寿命更长，反之就越差。

那么，如何判断振动程度呢？只要看水杯里面的水就知道了，如果振动得很严重，杯子里的水会抖动得很明显，甚至有可能有水花飞出来。如果发动机振动不严重，杯子里的水就抖动得不明显。而且，越好的发动机，转速越大时平衡性表现得越好、抖动越小。

最后，刘强对客户说："这款车型的发动机水花抖动得不是太明显，振动性能表现挺不错的。很多装配有这款发动机的其他车型的用户说，实际使用下来，这款发动机的使用寿命达到40万~60万公里都不需要大修，是普通国产发动机的2~3倍呢！另外，听发动机的工作噪音有两个听法，一是在急速的时候听，二是一边提速一边听。只要出现不均匀或者有杂音的，就表明这款发动机的进排气系统匹配性和装配工艺不是很好，遇到这种情况千万不能买这款车子。"

客户听完刘强的这段讲述之后，对刘强的专业知识佩服得五体投地，说学到了不少汽车专业知识，最后很满意地买下了这款车。

如果说销售95%靠的是热情，那剩下的5%靠的就是产品知识。销售员成为产品专家后，就能够回答客户提出的大多数问题，能够毫不迟疑并准确地说出产品的特点，熟练地向客户展示产品。只有具备了丰富的专业产品知识，才能信心十足地介绍产品，进而对客户产生足够的热情，成为销售专家。现在，许多顶尖的销售员最引以为傲的不是自己的销售业绩，而是他们在其产品和服务方面的渊博知识无人能及。

消费者都喜欢专家、顾问式的销售员。对于销售员来说，你所掌握的知识和信息与客户比起来是极为有优势的，你的专业程度远远超过客户。所以，你需要向客户提供的帮助并不仅仅是卖掉产品这么简单，而是应该让产品在客户的生活和工作中发挥最大程度的作用，让客户感觉产品是物超所值的。

因此，作为一名专业的销售员，介绍产品时必须懂得科学介绍产品的方法。

1. 介绍过程要简单明了、思路清晰

可以采用带段落标识性的语言进行介绍，比如"第一点、第二点……"每一点用尽量简短的几句话进行概括性的说明，这样客户就容易跟着销售员的思路去听和记忆。

2. 抓住产品重点去介绍

在做产品介绍的时候不要想到什么说什么，不分主次，让客户听得糊里糊涂的。需要找到产品的重点和客户的需求，先对产品做简单的说明，然后主要去说产品的优势和性能，这样向客户做产品介绍时才能收到更好的效果。

3. 以客户的角度去做产品介绍

做产品介绍的时候不要总是说产品怎么怎么好，这不是客户愿意听到的。需要根据客户的情况，以客户的角度去介绍产品，这样才能让客户满意。

4. 使用PPT、多媒体或实物演示

做产品介绍的时候不光需要说，还要注意使用PPT或多媒体等设备，将准备好的资料做生动、形象的演示，这样客户才能看得更明白。如果条件允许，还可以让客户看实物演示，这样效果会更好。

5. 客户认可了产品再谈价格

做产品介绍的时候切记不要一上来就谈价格，否则会让客户反感，需要等客户认可产品后再谈价格。

销售达人如是说

　　销售员只有具备了丰富的产品知识才能成为销售专家，才能信心十足地介绍自己的产品，才能及时地对客户提出的问题进行解答，给客户一个满意的答案并取得客户的信任。

> **● 引言**
>
> 在销售过程中，销售员掌握的信息越多，就越能够在销售中掌握主动权，而提问正是销售员获取客户信息的重要途径。所以，在众多销售技巧中，能否对客户进行有效的提问是决定销售能否成功的关键。

投石问路，会问才能打开客户的话匣子

在销售过程中，如何通过提问让客户说话、如何通过提问让沟通延续下去、如何通过提问来得到满意的答复，对于销售员具有举足轻重的作用。

通过巧妙的提问、正确的提问，不但可以减少客户的逆反心理，而且可以充分了解客户的信息，还可以引导客户按照你的方向去展开谈话甚至按照你的思维方式去考虑问题，以达成你希望得到的结果。

所以，销售员善于运用提问的方式去沟通，灵活掌握提问的技巧，一定会给自己的销售带来许多意想不到的收获。

来看一个案例。

电话销售人员小王："您好，李总，我是一家企业管理咨询公司的小王，想请教您几个问题。"

李总："什么问题？"

小王："是这样的，李总，经常有许多公司给我们打来电话，向我们公司咨询关于库存管理、产品分类管理以及账务管理方面的问题，还请求我们给他们提供这方面的人才。李总，不知您在这方面有什么好的观点与意见？"

李总："这个很简单，我们有专人负责仓库管理这块，产品分片分区管理，财务也有专人负责。只是他们办事效率很低，我需要什么报表往往不能够及时统计出来，造成信息不顺畅。更麻烦的是，一旦人员流动或者调整，往往一段时间内会经常出现纰漏。不知道你们有什么好的解决办法没有？"

小王："李总，我请问下，您目前使用的是什么管理软件？"

李总："管理软件？管理软件目前好像用不到吧？我们一直用人工做账。"

小王："是的，给我们打来电话的那些公司也喜欢采用人工做账，只是没有您分配的那么细致、那么有条理性。不过，他们现在这些问题都解决了，而且效率也提高了很多。"

李总："是吗？怎么解决的？"

小王："他们使用了一种叫作×××的财务管理软件，不仅节省了人力，而且每天都能够了解当天的产品进、销、存，畅销产品、滞销产品比例、进出账情况、欠账、拖款情况等。"

李总："是吗？有这样的软件？哪里能买到？"

小王："这样吧，李总，我下午两点到你们公司去下，您在吗？我把软件带过去，顺便给您的员工讲解如何使用这个软件，怎么样？"

李总："好啊，非常感谢。"

从上面案例我们看到，电话销售员小王通过有效的提问方式，让李总愿意接受问题、愿意回答问题，而且愿意提出自己的观点，表达出自己的想法。这样销售员才能根据对方的回答把握有理有据的对答方式，来攻破对方的思维方式，达到自己预期的效果。

对于电话销售员来说，通过采取有效的询问方式可以启发客户的心智，引导客户积极参与到沟通中，以达到自己的销售目的。

那么，销售员究竟通过什么提问方法才能很快赢得客户的好感，并尽快进入主题呢？

1. 请教式提问

人人都有虚荣心，人人都喜欢被尊重，内心深处都有一种指点别人的趋向。所以，销售人员可以充分利用人性的趋向性，在沟通开始阶段时采取请教式的提问，充分抬高对方的价值，让对方心甘情愿地回答你的问题。

2. 引导式提问

一般来讲，客户不愿意把自己真正的问题和需求告诉给销售员，我们就无法把握客户内心深处的想法，这个时候最大的考验就是看销售员的引导能力，通过不断的引导发现其需求。

3. 限制式提问

限制性提问法就是把答案限制到一个很窄的范围内，无论客户选择哪一个答案对提问者都是有利的。也就是说，在限制选择的提问中必须使所提出的问题明确而具体，这样效果才能更明显。

比如："王总，那明天下午是两点还是三点，我去拜访您好呢？"

"非常感谢，朱总，我是今天下午还是明天上午把入场券给您送过呢？"

4. 建议式提问

在与客户沟通的过程中，可以采取一些主动性的建议式提问，进而了解客户的真实信息，探求客户的真实反映，坚定客户的购买信心。但是在进行主动性建议式提问时语气不要过于僵硬，要平和，让对方感觉到你是在为他们考虑或为他们着想、关心他们，才提出如此问题。

比如："您看，我们应该赶快确定下来，您认为呢？"

"现在的洗发水不但要洗着舒服，而且一定要有养发护发功能才行，是吧？"

5. 探求式提问法

当我们提出一些问题问客户的时候经常会遇到客户不愿意从正面回答的情况，探求式提问可以让客户主动从正面回答问题。但提问时一定要把握语言语气的运用，不要弄巧成拙，最好结合请教式提问的方法一起运用。

比如："我可以请教您几个问题吗？"

"我可不可以这样理解您的意思……"

6. 肯定式提问法

销售员在和客户沟通中，如果提出问题时采用一种肯定性的语气，往往能够有效帮助对方做出正面的回答，并按照你的指引方向做出回答。

比如："您一定愿意接触更多的企业家，扩展自己的人脉，是吧？"

"您一定认为健康与美丽同等重要，不是吗？"

销售达人如是说

销售员一定要记住，不要为了提问而提问，而要为了获取有用的信息而提问。因此，提问一定要有目的性，而且在提问之后还要仔细倾听客户的回答。

· 引言

　　赞美是人与人之间沟通的润滑剂。赞美是对人的一种肯定，这样的肯定会让对方放松对你的心理戒备，使对方对你产生好感。因此，销售员可以利用这种心理，给予客户充分的肯定和赞美。

赞美的话说得好，生意肯定跑不了

　　每个人都喜欢听到别人赞美自己，比如夸自己聪明、羡慕自己漂亮、说自己身材苗条、赞美自己文章写得好，等等。听到这样的话，不管属实与否，听者的内心都会泛出掩饰不住的喜悦，甚至忍不住偷笑几声，这就是人们的一种喜欢被赞美的心理。

　　无论是谁，对待赞美之词都不会不开心。可以说，喜欢被人赞美是人与生俱来的一种心理。而当我们听到别人对自己的赞赏感到愉悦和鼓舞时，就会对说话者产生一种亲切的感觉，从而使彼此之间的心理距离缩短、靠近，人与人之间的关系也就融洽了。

　　人人都有虚荣心，没有人不喜欢奉承，没有谁愿意受人批评。每个人都喜欢听好话，客户也不例外。销售员每天都要与不同的客户打交道，所以，适时地讲一些赞美性的话语，才能令客户高兴，从而实现成功的销售。

　　小燕是一家时装店的金牌促销员。时装店在整条街中的位置不是最好的，但生意是最好的。

一天，有一对情侣到她的店中看衣服，小燕连忙热情招呼："您好，美女，这真是一条漂亮的连衣裙，我确定您一看到它就有一种想拥有的欲望，不是吗？"

女孩说："好是好，只是太贵了。"

"我想，您大概只看到价格标签了，您还应该看看这个。"小燕打开商品，"您看看这个标签，这个牌子本身就很名贵，而且信誉十分有保障，穿上这条裙子，您就拥有了品质。况且这条连衣裙是今年夏季最流行的新款，既漂亮又实用，绝对值得。来，您试穿一下，我想您一穿上它就舍不得脱了。"

等女孩试穿完后，小燕说："怎么样，感觉很好吧？"

"感觉很好，只是价格太贵了。"

"当您参加同学的婚礼或某一个重要的宴会时，您穿着这条漂亮的连衣裙一定会给您增色不少。您说呢？"

说完，小燕看看那位女孩，又看看她的男友，说："美女，您真幸运，有许多情侣到这儿都看上了这条连衣裙，可是她们的男友却不让她们得到这条漂亮的连衣裙。"

小燕的一席话说得这对年轻情侣心花怒放，最后决定买下这条价格不菲的连衣裙。

销售员要想让客户买单，就要学会逢迎对方的虚荣心，多说好听的，让客户心情愉快。在友好、和谐、轻松的谈话环境下，客户就会渐渐放松原先的戒备心态，对你所讲的话题感兴趣，也愿意和你交谈下去，这样成交的可能性就大大提高了。

作为促销员，你一定碰到过这样的情况：自己已经使出浑身解数向客户推销产品，却还是吃力不讨好；而那些和客户说说笑笑、对产品只字片语一带而过的促销员却能够成功地征服客户。这是为什么呢？其实，这其中的关键就在于能否把握好客户喜欢被赞美的心理。

在生活中，每个人都希望别人对自己的评价是正面的，渴望得到别人的夸奖和赞美，所以如果你懂得赞美和夸奖客户，那么你的销售工作自然就会顺利很多。

美国商界奇才鲍罗齐说过："赞美你的顾客比赞美你的商品更重要，因为让你的顾客高兴，你就等于成功了一半。"从通俗意义上讲，销售绝不仅仅只是金钱上的来往，它更是人与人之间感情的交流。因此，促销员应该在推销过程中适时地夸奖一下自己的客户，满足他们想被赞美的心理，这样客户就会很高兴地购买你的商品。

俗话说："良言一句三冬暖。"正如心理学家所指出的："每个人都有渴求别人赞扬的虚荣心理，人一旦被认定其价值时，总是喜不自胜。"但是，赞美客户是有方法和技巧的，应注意以下几点：

1. 恭维客户要发自内心

虽然每个人都喜欢听赞美的话，但并非任何赞美都能使客户高兴。只有那些基于事实、发自内心的赞美才能引起客户的好感；相反，那些不切实际、夸张且虚情假意的赞美不仅会引起客户的反感，还会让客户觉得你油嘴滑舌、毫无诚信。

2. 赞美客户要适度

凡事应适可而止、恰到好处，赞美也不例外。例如，一位化妆品推销员对一位皮肤保养得一般的女客户说："您的皮肤太好了，简直就像刚出生的婴儿的皮肤一样。既没有痘痘，也没有斑点，白皙光滑，细腻有弹性。真让人羡慕啊！"女客户一愣，反问："真的吗？我的皮肤好像没你说的那么好吧！"这样的赞美只能让客户怀疑你并非真心实意。

3. 赞美客户要选择适当的方式

面对不同年龄、不同类型的客户，赞美的方式也应有所不同。对于老年人，应该多用间接、委婉的赞美语言；对于年轻人，则可以用比较直接、热情的赞美语言。面对严肃型的人，赞语应自然朴实，点到为止；对于虚荣型的人，则可以尽量发挥赞美的作用，满足其虚荣心。

销售达人如是说

在赞美客户时，语言要具体化，而不是空泛、含糊地赞美。例如，与其说"您穿上这条裙子真漂亮！"不如赞美客户"这裙子穿在您身上，身段更迷人了！"后者让客户感到你说话真诚、有可信度，自然心里高兴。

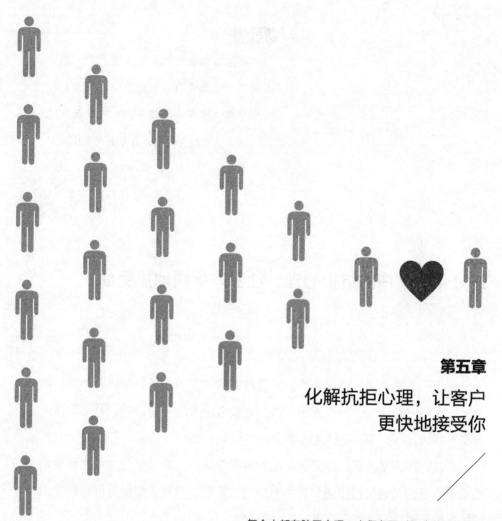

第五章

化解抗拒心理，让客户
更快地接受你

每个人都有防卫心理，人们在面对陌生的销售员时，
往往防卫心理更强。要想成功销售，就必须学会化
解客户的抗拒心理。销售的过程就是解决抗拒的过
程，只有善于解开客户的心中结，迅速拉近彼此
的心理距离，给客户一见如故的感觉，才能做好
销售。

● 引言

抗拒是销售过程中的常有之事。如果销售员在遭受挫折时能静下心来，认真探究客户抗拒的心理原因，再对症下药，那么这次的失败就会成为下次销售成功的基础。

巧妙化解客户的抗拒心理，让客户更快地接受你

作为一个销售员，遇到客户抗拒是难免的。客户买任何东西，小到一斤白菜，大到一套房子，都会说出一些如"我考虑考虑""我再看看""价格太贵了""以后再说"等一系列抗拒的话。

所以，作为销售员，你必须要面对客户的抗拒，并且要想办法化解他们的抗拒心理。销售过程中遇到的所有疑问、质疑、推脱、拒绝等问题统称为销售抗拒，销售的过程就是解决抗拒的过程。

每一个客户在购买产品时，产生抗拒心理是很正常的。如果一个客户完全没有抗拒，反而不太正常。因此，要把客户的抗拒当成是客户在提问，而销售员要做的就是有技巧地解答这个问题。

李先生是一名培训师，一次在机场乘飞机前，他觉得时间还很多，于是在机场购物店转了转。他逛到了一个卖西服的店，刚走进店导购员就礼貌地说："先生，您平时是穿休闲的还是正式的西服款式多？"

李先生随口说："我就看看。"

导购员接着问："先生请随便看。我看您都在看正式的，您喜欢黑色、蓝色，还是灰色？"

李先生漫不经心地说："看看。"

导购员说："我看您都在看蓝色的西服，请问一下先生您喜欢双排扣还是单排扣，我替您去拿来试一试。"

李先生没作声。

导购员又说："先生是做什么行业的？"

"职业培训师。"

"先生，您真是特别有眼光，难怪您都在看蓝色的西服，权威人士、专业人士最适合穿蓝色西服。我们有一套特别适合您，是两粒扣子的，非常适合您的尺码，不知道有没有，我去找一下。"

导购员一边找衣服，一边回过头问："先生，我忘了问您穿几码的？"

"180。"

"180找到了，来。您到试衣间试穿一下。"

李先生试穿后觉得很满意，决定购买。

导购员微笑着说："先生，请到这边结账，一共4800元。"

李先生说："便宜一点吧。"

导购员说："4800元不能便宜，除非您有会员卡。"

"会员卡没有。确实有些贵了，再便宜点嘛。"

"这样吧，先生，我帮您打个折，3840元。下次记得再来啊！"

李先生到收银台付了现金，拿着西服走了。

我们不得不佩服这位导购员。李先生本来只是在购物店随便转转打发时间，没有购买西服的打算，可是在导购员的说服下，李先生抗拒的心理一步一步被化解，最后顺理成章地付款。

就抗拒的形式来看，常见的有以下几种：

1. 沉默型抗拒

这类客户表现得比较冷漠，也不太说话。这时候你要想办法让你的客户多说话，要多问他们一些问题。你要引导他多谈谈他们对你的产品、对你的服务的看法。

2. 借口型抗拒

常常会有客户敷衍你，比如说"你这个东西太贵了，我没有兴趣""我今天没有时间，我需要再考虑考虑"。碰到这种借口型抗拒的时候，首先不要理会，因为这些借口型的抗拒根本不是客户不买产品的主要原因。当然，你也不能完全不当一回事，抗拒你还是要去处理的，只是要用忽略的方式去处理。

3. 批评型抗拒

有时候客户会对你的产品和服务、公司甚至你这个人提出一些负面的批评。碰到这种抗拒的时候，销售员切记不要去跟客户发生争执，不要去批评他，一定要跟他站在统一战线上，去理解他、尊重他。

4. 问题型抗拒

有的客户会问很多你想到的或是你想不到的问题。对此，销售员要认识到，每当客户提出问题来考验你的时候，事实上等于客户在向你要求更多的信息。对于这样的客户，销售员应该不厌其烦地、耐心地解答问题。

5. 表现型抗拒

有些客户喜欢显示自己的专业知识，他们很喜欢让销售人员知道他非常了解你的产品，甚至他比你还要专业，显示他才是行家。碰到这样子的客户，你一定要记得称赞他的专业，即使他讲的是错误的。

6. 主观型抗拒

有的客户主观意识比较强。对待这种类型的客户，销售员要少说话、多发问、多请教，让客户多谈一谈他的看法。询问客户的意见时要设法消除客户的防卫心态，不管他的回答是什么都应该让他畅所欲言。

7. 怀疑型抗拒

这种客户不相信销售员，也不相信你推销的东西，你跟他们解说你的产品和服务、你的优点、你的长处时，这些客户会抱持着一种怀疑的态度。这时候你所需要做的事情是赶快去证明为什么你的产品、你讲的话是具有信服力的。

销售达人如是说

当客户产生抗拒心理时，销售员首先要了解抗拒产生的真正原因，然后再耐心倾听。如果打断顾客的抗拒，就会造成更多的抗拒。

● 引言

> 俗话说："万事开头难。"销售员要适当运用一些技巧，与陌生人套近乎，快速拉近距离，融化客户的冷漠拒绝，为销售创造一个良好的氛围，进而与对方"一见如故"，甚至"相见恨晚"。

说好客套话，与陌生客户一见如故

有句老话叫"祸从口出"，引申到销售过程中就是指一定要把好口风。什么话能说、什么话不能说，都要在脑子里多绕几个弯子。

一对年轻夫妇到商场去买冰箱，他们在家用电器楼层转了几圈，后来终于停在了刘先生的柜台前。刘先生见有顾客上门，便很热情地向他们打招呼：

"请问二位需要点什么？"

"我们想看看冰箱。"

于是，刘先生便开始给他们介绍最新的冰箱款式和功能："二位请看这一款，这是刚刚上市的最新款式，噪声小，耗能低，很适合喜欢安静的家庭。"

这时，那位先生问："这款冰箱的外壳为什么和其他的不一样？是什么材料做的？"

刘先生说："这是采用科学家研究出来的最新式的材料制而成的，据说是既节省能源又美观大方，目前很受消费者欢迎，我们一天卖很多台，现在库存已经很少了。"

女士说："我们很喜欢这一台，但是这种型号的容量太大，对我们这样一个两口之家来说不是十分合适。这样吧，我们再看看其他的，如果没有更合适的，我们再来买这一台，好不好？"

为了显示自己的冰箱货好不愁卖，刘先生便大方地说："可以，欢迎您再回来。"

于是，这对年轻夫妇离开了。过了一会儿，刘先生的同事小李跑来聊天，问刘先生："你那一款冰箱卖得怎么样？我的简直太难卖了。"

为了不令小李感觉不平衡，刘先生也假装发牢骚："是啊，怎么那么难卖呢？现在库存还一大堆呢！"

不料，这话正被返回的年轻夫妇听见，顿时，刘先生尴尬万分。一单生意就这样丢掉了，更重要的是，他们可能永远都不会到刘先生这里来买东西了。

从上面的案例可以看出，其实，刘先生也只不过是在同小李随便客套几句，别人说不好卖，他也随意附和而已。但刘先生的失败就在于说话随便，毕竟是在销售场所，自己的言行应时刻注意。

客套或者说寒暄，在中国人的礼节中大有学问。一句问候、一个眼神、一个手势、一个点头、一个微笑……都能带给人尊重、关心，可以缩短心理距离，实现感情共鸣。

人是有感情的社会性动物，彼此交流不仅有功利目的，还有感情方面的需要。说些客套话是暖人心的，能加深双方的了解，建立亲密关系，加强沟通。

每个人都知道，问候他人、与他人打招呼都需要说一些客套话。的确，客套话在与他人沟通交流中必不可少，客套话就像润滑剂，可以瞬间消除双方之间的陌生感，消除隔膜。

但是，事物都有两面性，过度的客套话不仅无法让他人感到亲热和亲近，无法感受到你的礼节和敬意，反而会阻碍双方的善意和坦诚的交流。

某灯具销售公司员工郑先生经过一个月的培训，学习了部分销售知识。郑先生走上营销岗位的第一天，拜访了他工作以来的第一位客户。在培训过程中，郑先生知道了见到客户一定要有礼貌，为了拉近与客户之间的心理距离需要说一些场面上的客套话。经过周密的准备，他敲响了客户的门。

客户出门相迎。郑先生彬彬有礼地问："请问你是胡先生吗？"郑先生同时伸出了手。

客户礼节性地握了握手，答："是的，你找我有什么事吗？"

"认识你我很高兴，冒昧地打搅你。"

"我也是，很高兴认识你，有什么事情可以讲。"

"真是不好意思，占用了你的休息时间，对此我非常过意不去。"

"哦，没关系，你有什么事吗？"

郑先生看了一眼屋内的摆设，故意夸奖一番："看你屋内的摆设，就知道你是一个非常有生活情趣的人，我说得没错吧？"

"谢谢你的夸奖，但是你究竟有什么事呢？"客户显然有点不耐烦了。

"嗯，再一次谢谢你能够抽出时间来跟我说这么多的话，我真的非常感激。其实，我还想再耽误你一点时间。"

"够了！你耽误我的时间已经够多了！"客户非常焦躁地说。随后，"砰"的一声把门关上了。

此时的郑先生目瞪口呆，还不明白这是怎么一回事，心想：难道是我还不够礼貌吗？

客套话确实能拉近与陌生人之间的心理距离，但过度客套会带来负面作用。客套话是为了表示对对方恭敬或感激，但在运用时要适可而止，千万不可过度。

许多人片面地认为多说客套话只有好处，没有坏处。其实，说客套话是一柄双刃剑，一方面，客套话可以让不熟悉和不那么亲近的人感受到你的礼节和敬意；另一方面，过度的客套话往往会损害融洽的气氛，反而阻碍了你的善意和坦诚。

因此，只有恰当地说好客套话，才会给沟通带来帮助，过度的客套话只会适得其反，案例中的郑先生就是一个反例。那么，该如何恰当地说客套话呢？

首先，态度要真诚。客套话建立在谦卑、赞美的基础上，说话的时候一定要充满真诚。

然后，把握好运用时机。客套话一般只用于第一次见面，第二次、第三次见面后就要尽量少用。

最后，避免说空话。客套话不是吹捧的话，而是要引出正题。所以，在表达客气的同时，不妨向他人道明你与他说话的本意，这样会显得更自然，更容易拉近彼此间的沟通距离。

销售达人如是说

客套话是语言艺术中的一种，是客气、谦卑的态度，表达了对别人的尊重，显示了个人的涵养。但客套话并不是说得越多越好，还需要看清场合，否则效果会适得其反。而且，不同的人关注点和兴趣点不同，因此我们的客套话也要有针对性地说。

● 引言

　　在销售过程中，客户只有对销售员
所说的话感兴趣，他才会态度上也重视起
来。所以，在"销售产品"这道正餐之前，
不妨先给客户准备一道开胃菜——谈谈客户
感兴趣的话题。

先聊感兴趣的话题，再谈销售的产品

　　一般情况下，客户是不会立即对我们销售的产品产生兴趣的。如果销售员刚开始就滔滔不绝地谈论产品与销售的事情，往往会引起客户的抗拒和反感。相反，如果销售员能够与客户聊聊彼此感兴趣的话题，则可以拉近彼此的距离，客户在心理上产生亲近感之后，销售员再谈销售的事情就相对容易了。

　　周先生是某公司的汽车销售员，在一次大型汽车展示会上他结识了一位潜在客户。通过对潜在客户言行举止的观察，周先生分析这位客户对跑车十分感兴趣，而且其品位很高。周先生将本公司的产品手册交到了客户手中，可是这位潜在客户一直没给他任何回复，周先生曾经有两次试着打电话联系，但客户都说自己工作很忙，周末要和朋友一起到郊外去垂钓。

　　经过多方打听，周先生得知这位客户酷爱垂钓。于是，周先生上网查找了大量有关垂钓的资料。一个星期之后，周先生不仅对周边地区所有著名的垂钓场所有了深入的了解，而且还掌握了一些垂钓的基本功。再一次打电话时，周先生对销售汽车的事情只字不提，只是告诉客户自己无意中发现了一家设施特别齐全、环境十分优美的垂钓场所。

一个周末的上午，周先生很顺利地在那家垂钓场见到了客户。周先生对垂钓知识的了解让那位客户迅速对其刮目相看，他大叹自己"找到了知音"。在返回城的路上，客户主动表示自己喜欢驾驶豪华跑车，周先生立即告诉客户："我们公司正好刚刚上市一款豪华型跑车，这是目前市场上最有个性和最能体现品位的跑车……"就这样，一辆跑车的订单被顺利拿下了。

在这个案例中，销售员周先生几次与客户谈论汽车的事情，客户都避而不谈。后来，发现客户对垂钓感兴趣。于是，他恶补垂钓知识，在一次垂钓活动中与客户见面，周先生的垂钓知识令客户对其刮目相看，两人由此开始谈论垂钓话题，且谈得非常投机，交谈氛围变得融洽起来，客户对周先生的信赖感也就随之产生，这样成交也就不再是什么难事了。可以说，周先生的这张跑车订单是垂钓带给他的。

在寻找客户感兴趣的话题时，销售员要特别注意一点：要想使客户对某个话题感兴趣，你最好对这个话题同样感兴趣。如果只有客户一方对某个话题感兴趣，而你却表现得兴味索然或者内心排斥却故意表现出喜欢的样子，那客户的谈话热情和积极性马上就会被冷却，是很难达到良好沟通效果的。

因此，销售员要用心找到话题，因为话题是初步交谈的媒介，是深入细谈的基础，是纵情畅谈的开端。没有话题，谈话是很难进行下去的。有经验的销售员一般通过下列几种方式"没话找话"：

（1）谈论时事新闻、体育报道等，比如，每天早上迅速浏览一遍报纸，与客户沟通时首先把刚刚通过报纸了解到的重大新闻拿来与客户谈论。

（2）主动提客户的主要爱好，比如体育运动、饮食爱好、娱乐休闲方式等。

（3）谈论客户的工作，比如客户在工作上曾经取得的成就或将来的美好愿景等。

（4）谈论客户的身体情况以及如何养生等问题。

（5）谈论客户孩子的情况，比如孩子的教育等。

（6）和客户一起怀旧，比如提起客户的故乡或者最令其回味的往事等。

所以，销售人员应该在平时多培养一些兴趣爱好，多积累一些各方面的知识，至少应该培养一些比较符合大众口味的兴趣，比如体育运动和一些积极的娱乐方式等。这样，等到与客户沟通时就不至于捉襟见肘，也不至于使客户感到与你的沟通寡淡无味了。

销售达人如是说

销售员可以事先对客户进行调查，充分了解其兴趣爱好。此外，销售员在谈论客户感兴趣的话题时要分清场合并找准时机，如果是在比较严肃、正式的场合谈论这些话题就不适合了。即便使是与客户聊他感兴趣的话题，也要时刻关注客户的表情，当客户感到厌烦时要立刻停止交谈。

● 引言

客户就是上帝。只有一心为客户着想的人才会真正赢得市场，获得成功。积极地为客户着想，"以诚相待，以心换心"，是销售员对待客户的基本原则，也是销售员成功的基本要素。

换位思考，从客户的立场出发

在现实生活中，很多销售员几乎都有一个通病，就是急不可耐地推销产品，迫不及待地想成交。殊不知你这样做很可能会引起客户的逆反心理，你越是急于求成，他们越是犹豫不决。那么遇到这种情况该怎么办呢？其实，你不妨换个思路，多为对方考虑，或许就能收到意想不到的效果。

郭先生是一名拖拉机配件推销员，有一次，他费了九牛二虎之力谈成了一笔价值五十多万元的生意，但是在即将签单的时候却发现另一家公司的配件更合适于客户，而且价格更低。于是，本着为客户着想的原则，他毅然决定把这一切都告诉客户，并建议客户购买另一家公司的产品，客户因此非常感动。

结果，虽然郭先生少拿了上万元的提成，还受到了公司领导的责难，但在后来的一年时间内，仅仅通过该客户介绍的生意就达数百万元，也为自己赢得了很高的声誉。

乔·吉拉德说过这样一句话："成功是没有秘诀的，如果非要说有，那就是时刻站在对方的立场上。"多为别人着想，多了解了别人的想法，时时站在客户的角度上看问题，沟通的顺利程度将出你的想象。

一名销售员想提高自己的销售业绩，就必须学会站在客户的角度想问题。但是，现在有很多销售员不知道这一点，他们往往喜欢站在自己的立场思考问题，而不能像一个普通的客户那样思考问题。

如果你想和你的老板相处愉快并能更好地沟通，就必须像老板那样看问题。销售的道理同样如此，你想从客户的口袋里掏钱，必须给客户一个掏钱的理由。这个理由源自哪里？源自你站在客户的立场上，为客户着想、体会客户的想法，这样的销售员才是真正的销售高手。

王女士是一家衣柜销售公司的销售经理，她常常能够站在客户的角度考虑问题，客户一直很信任他，所以她的销售业绩一直不错。

一天，一对年轻人前来购买衣柜。王女士问："你们好，你们想要什么材质的衣柜？"

客户答："我们想要复合板材的衣柜。"

王女士问："你们自己住房装修用吗？"

客户答："是的，我们刚买的房，装修用的。"

王女士问："这样啊，复合板材的衣柜一般是大型商场、超市、医院用的，有污染，家庭用的一般很少。我建议你们买实木的，没有污染，而且很多家庭都买实木衣柜。"

客户："那你帮我们选一个款式吧。"

在这个案例中，销售员王女士站在客户的立场上分析问题，帮助他们选择真正的商品，而不是急着把商品卖出去。有时候客户并不了解哪一种商品适合自己，因此销售员先要全面了解客户的需求，给客户最适合的建议，这样一来，客户自然把你当成自己人，无形中就拉近了你们的心理距离。

在销售的过程中，销售员站在客户的立场上，急客户之所急，想客户之所想，无形中就和客户站在一条线上了。那么，如何站在客户的立场上思考呢？

1. 学会换位思考

客户想要购买你的商品，说明客户的生活中需要这个东西。销售人员要详细地了解客户为什么购买你的商品。你知道的客户信息越多，越能够设身处地地为客户考虑。

2. 学会为客户省钱

客户想要花最少的钱买最好的商品，但事实上这是不可能的事情，质量越好的商品价格越高。但是同一种商品由不同的商家生产，生产成本会有所差异，所以销售员可以站在客户的角度考虑，让客户花最少的钱买到最物美价廉的商品。

3. 学会把决定权交给客户

在销售的过程中，销售员要做好参谋的工作，但是不要替客户做决定，否则会让客户觉得受了你的蒙蔽，就算买得物超所值他们心里也会觉得不爽。销售员只要做好介绍就可以了，至于客户怎么决定那是客户的事情。

销售达人如是说

每个人对自己的切身利益都会倍加关注，所以站在对方的角度考虑问题往往能够起到事半功倍的效果。如果能够站在客户的角度考虑问题，商谈就会变得容易许多。

• 引言

在与客户的沟通中，幽默如同润滑剂，可有效地降低销售员与客户之间的"摩擦系数"，化解抗拒心理，并能摆脱沟通中可能遇到的困境。

幽默的话语让客户不再抗拒你

美国著名保险公司营销顾问弗兰克·贝特洛这样赞美幽默："幽默是一种智慧，它能在尴尬的场合宽慰人心，缓和气氛。"与人初次见面，如果在见面后立刻无的放矢地说笑，确实有些唐突，但如果在面谈不顺、言穷词拙、无法很好沟通的情况下，那么适当的幽默就成了极为有效的润滑剂，既可以缓和甚至扭转尴尬的局面，又可以让客户对你的印象立刻改观，从而使面谈可以再度顺利继续下去。

会沟通的人一般都具备幽默感，它往往是给形象加分的关键点。当你与客户沟通时能够恰到好处地使用幽默作为调节，就可以让你和客户的关系更加融洽，甚至可以"化险为夷"。

为什么幽默有如此大的力量？因为使用幽默的方式沟通时，往往会令人处于一种放松的情境中，因此，人们喜欢和能让自己快乐的人交朋友或者建立某种联系，并将此人用一种愉悦的方式留在自己的记忆中，为他们打上各种积极的标签。使用幽默的话语与人交流不失为提升自身形象的一个好方法。

请看下面一个销售的案例：

刘先生是一个推销放大镜的业务员。有一天，他向一位老大爷推销放大镜，眼看就要成交了，但老大爷忽然看到刘先生手臂上有一块刺青，老大爷立马改口说不要了。

刘先生眼角瞟见老大爷看到自己有刺青才说不要购买的这一举动，他灵机一动说："低价未必没有好货，就像我手臂上有刺青一样，有刺青的不一定是流氓，他也可能是岳飞。"

老大爷见眼前这位推销员如此幽默，不由得哈哈大笑起来，连忙竖起大拇指，连说："小伙子不错，放大镜我买了！"

在人际沟通中，幽默就像一把双刃剑。用得好可以让关系变得更融洽，用不好可能适得其反。因此，我们在使用幽默时应注意以下几点：

1. 掌握时机

掌握好时机，巧妙地运用幽默会让你赢得别人的好感，但是不要不合时宜地讲笑话。

2. 讲究分寸

要根据不同人的性别、身份、地位、阅历、文化素养和性格选择幽默的语言。内容健康、格调高雅的幽默才能给人以启迪和精神享受。幽默内容粗俗或不雅，虽然有时也能博人一笑，但过后就会让人感到乏味无聊，也会使自身形象的分数大减。

3. 尽量使用"原创"的笑话，避免讲一些转述的笑话

现代社会的信息来源多样化，如果从网上或书刊上摘录老套的笑话或某

些人尽皆知的幽默说辞，且别人事先听过，那么只会起到适得其反的作用，所以笑话最好是"原创"的，且尽量以个人经历作为素材。

4. 事先准备演练一下

幽默前做"演练"，是一种安全的形式。试想一下，当你说出某个笑话，别人却毫无反应时，就达不到沟通效果。在正式讲笑话时一定要先确认这个笑话是否真的让人觉得有趣，是不是能够达到预期的效果。

5. 使用多种表达方式

夸张：适当的夸张可以让语言醒目，突出重点，使人产生联想。

曲解：故意曲解词语含义或偷换概念，会产生意想不到的结果。

藏头：故意隐藏原因，让听众联想结果，在思考后捧腹不禁，回味悠长。

谐音：故意或无意利用谐音，将内容理解成另外的意思，造成幽默效果。

陷阱：根据需要对别人进行误导，从而产生幽默效果。

叠加：将很多同类笑话叠加在一起，产生幽默效果。

自嘲：这种方法可以算幽默的最高表现形式，敢于拿自己开玩笑，既令人忍俊不禁，又令人肃然起敬。

转换：打破常规思维，引导别人适时地逆向思考，使对方觉得新奇有趣。

销售达人如是说

幽默的人要具有豁达的胸怀、广博的学识、机敏的应变和良好的修养。只有做到这些，才能把幽默运用自如。沟通中多多运用幽默，不仅使人乐于接受，还能使自己身心愉悦，获益匪浅。

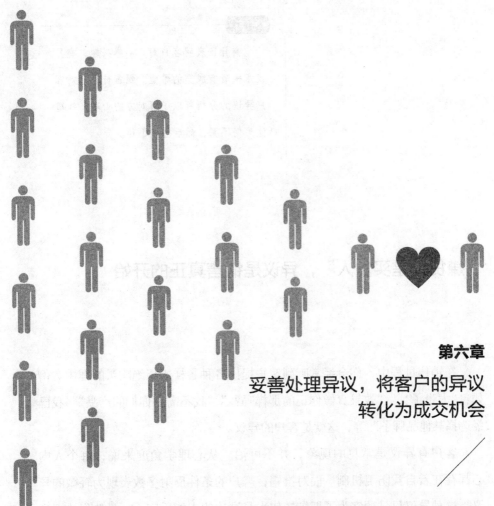

第六章

妥善处理异议，将客户的异议
转化为成交机会

在销售中，任何一个环节都可能遇到客户的异议。
销售的过程实际上就是处理异议的过程。只有妥善
处理客户的异议，销售才能进入下一个阶段；否
则，销售工作就会被迫中断。销售员必须善于分析
和处理客户的各种异议，将客户的异议转化为成交
的机会。

● 引言

　　有异议表明客户对产品感兴趣，有异
议意味着有成交的希望。销售员通过对客
户异议的分析可以了解对方的心理，知道
他为何不买，然后对症下药。

"嫌货才是买货人"，异议是销售真正的开始

　　在销售过程中，你会经常听到客户提出各种各样的拒绝购买的理由。例
如："太贵了！""效果真像你说的那样吗？""我不需要你们的产品""我已
经选择其他品牌了"等，这就是客户的异议。

　　客户有异议是常见的现象，并不可怕。从心理学角度来说，每个人内
心都存在着自我防卫机制。面对推销，客户的条件反射多数表现为轻微的异
议。这种异议只是顾客为了抵御销售人员进攻的本能反应，一旦他们认识到
你是诚心诚意的，你的产品和服务值得购买，戒备心就会消除。

　　中国有句老话，"嫌货才是买货人"。销售人员应当坦然面对和接受异
议，因为异议是销售真正的开始。

　　但是，一些销售人员在面对客户提出的异议时，认为客户是在故意刁
难，从而采取针锋相对的态度对待，以至于使客户愤愤离去。

　　刘先生是一家空调销售公司的推销员，他做了很大努力才向一家事业单位

销售了五台空调。

　　一个月后，他再度前往那家单位销售，本以为对方会再向他购买几台空调，不料单位领导一见到他就对他说："刘先生，我不能再从你那儿购买空调了，因为你们公司的空调太不理想。"

　　刘先生惊讶地问："为什么？"

　　"因为你们的空调制冷效果不好，有时还忽冷忽热。"

　　刘先生一听连忙解释说："我不同意您的意见，我们的空调制冷系统是严格按照国家相关规定设计的！"

　　单位领导生气地说："那难道是我在污蔑你们的空调？"

　　"不是的，但……"刘先生说。

　　"别说了，我们要退货！"单位领导强硬地说。

　　结果，刘先生失去了一笔大生意。

　　从上面的案例可以看出，处理客户的异议是对推销员的考验，刘先生没能通过考验，他生硬地对客户的异议表示拒绝，不仅失去了再次成交的机会，而且遭遇退货，真是得不偿失。在销售中，出于各种各样的原因，客户往往会对销售员的产品表示异议，而不提异议的往往是那些没有购买欲望的客户。

　　因此，无论什么原因产生的客户异议实际上都是客户关心销售的一种形式，都是客户对产品感兴趣的一种表现。因此，有经验的销售员不仅要对异议表示欢迎，而且还要把它作为促成销售的一个机遇。

　　面对客户的异议，有些销售员会认为客户在故意刁难自己，因此怒火中烧，同客户争吵。这是一种很不理智的行为，也让客户觉得销售员很没素质，其结果就是产品销售不出去。因此，销售员最好的做法就是不和客户进行争论，而是想办法去解决客户的异议。

　　无论如何，异议毕竟是销售过程中的障碍，必须予以处理。那么，销售员该如何处理异议呢？

1. 做好准备工作

"不打无准备之仗"，这是销售员面对客户拒绝时应遵循的基本原则。销售前，销售人员要充分估计客户可能提出的异议，做到心中有数，这样，即使遇到难题也能从容应对。如果事前无准备，遇到异议时就可能不知所措，客户得不到满意答复，生意自然无法成交。

2. 态度要诚恳

在面对客户的异议时销售员心情急躁、冲动是正常的。但是，这时你需要做的是态度要诚恳，要有耐心地倾听客户的异议，让客户觉得被尊重。这样，客户才愿意和你交流，说出心里话。

3. 不要和客户争论

客户提出异议意味着他需要更多的信息。一旦与客户发生争论，拿出各种各样的理由来压服客户时，销售人员即使在争论中获胜也会彻底失去成交的机会。

4. 不要攻击客户

如果客户提出的异议不明智、没道理，销售员也不应该嘲讽和打击对方的情绪，伤害他们的自尊心，否则将会完全丢失这笔生意。

5. 选择适当的时机答复

面对客户的异议时销售员大都需要立即回答，这既是促使客户购买的需要，也是对客户尊重的需要。但是，有的异议暂时不能回答或者不便回答，这时就需要销售员善于选择恰当的时机。因此，懂得在何时回答客户异议的销售员会取得更大的成绩。

销售达人如是说

　　不管客户的意见是对是错、是深刻还是幼稚，销售员都要尊重客户的意见，讲话时要面带微笑、正视客户，听客户讲话时要全神贯注，回答客户问话时语气不能生硬。"你错了""连这你也不懂""你没明白我说的意思，我是说……"这些表达方式抬高了自己、贬低了客户，会挫伤客户的自尊心，都不利于成交。

● 引言

在销售过程中经常会发生这样的情况：客户对销售员的反馈和互动很好，对产品也有很好的评价，但是销售员最终并没有销售成功。

成功从客户说"不"开始

在销售过程中，销售员经常会碰到客户拒绝，许多时候，往往在洽谈还没开始时销售员就遭受了一盆冷水。当遭到客户拒绝后，销售员的反应各有不同：有的人非常生气（如摔门而出）；有的人表现出沮丧的情绪；另一些人则会尽量设法忘记这个不愉快的经历，但也有很多销售员似乎不受此影响。

事实上，每一个销售员和拒绝都有不解之缘。销售员在销售工作中会遇到无数次的拒绝，甚至有时由于客户的拒绝还吵过架。但是，销售人员应以平常心面对拒绝，我们心中要真正地明白，拒绝是销售中最常见的事情。

可以说，销售过程往往都伴随着反对的声音，全球知名的保险推销专家雷德曼说："推销，从被拒绝时开始。"优秀的销售员在面对无数次的客户拒绝时，从来不会逃避和抱怨，他更多的是对客户的拒绝表示理解，能够正确看待客户的拒绝，从而找到与客户达成交易的突破点。

销售人员只有清楚地了解客户拒绝的真正原因，才能在面对拒绝时充满信心，从拒绝中找到销售成功的希望。

　　王先生是一家白酒生产企业的推销员。一天，他早早地来到了一家烟酒店，希望能拜访一下这家店的老板。王先生进店之后，与烟酒店老板寒暄了几句，并说明了来意："老板，我这次来拜访您，主要是向您推荐一下我公司最新出厂的白酒，价位188元，零售可以卖到258～298元，而且公司还有促销，力度很大，一箱白酒赠送价值100元的可乐，您看，要不来一箱试试看？"

　　老板只是轻描淡写地说了一句："哎呀，现在推销员比顾客还要多呀！我哪有时间接待你们？并且我这店里哪有地方摆放啊？等有地方再说吧！"说完，用手指指堆满白酒的货架，示意王先生自己去看。

　　王先生看了一眼，的确是这样，到处都是酒。无奈之下，王先生向老板告辞，离开了这家烟酒店。

　　回到公司，王先生向领导汇报了拜访烟酒店老板的情况，领导帮他分析了被客户拒绝的原因。

　　得到领导的指点后，王先生第二天又去拜访烟酒店老板。老板还是以没地方放为借口打发王先生，并且强调说现在正处于白酒淡季，天气炎热，白酒动销比较慢，占用资金比较多。

　　王先生明白了烟酒店老板拒绝背后的真正原因：担心资金占压！如果卖不掉，风险很大！找到病因，该对症下药了。为了打消烟酒店老板的顾虑，王先生说道："老板，我们的酒虽然占压您一定的资金，但是您放心，只要您现金进货，我们可以保证，如果您一个月不动销，公司可以保证无风险退换，这下您该放心了吧！而且，我们与竞品相比，促销力度更大，买一箱送一箱，这都可以变成您的利润呀！"

　　烟酒店老板想了想，答应先进三箱酒试试。

　　对于有些客户来说，拒绝只是一种习惯性的反射动作，听了介绍就买的情况比较少，一般说来，只有遭遇了拒绝后，销售员才可以了解客户真正的想法，从而找到解决拒绝的最好办法。客户拒绝是销售中最平常的事情，因为成功的销售就是从被客户拒绝开始的。

原一平在保险界的经历就是一个佐证。日本著名的保险营销大师原一平身高只有1.45米，27岁以前他还一事无成。后来他进入了一家保险公司，花了七个月的时间才签下了保险生涯的第一单。在入行初期，欠房租、睡公园是家常便饭，但他仍然坚持做到每天认识四个陌生人，从来没有放弃。最终，无惧拒绝的他成为日本有史以来最伟大的保险营销员。

如果你是一个初入行的推销员，工作往往很辛苦。当你打了100个电话客户都说"No"的时候，你还有没有勇气去打第101个电话？可能这第101个人就是你的第一个客户。

在实际销售中，客户拒绝的理由很多，下面列举一些常见的拒绝理由及化解的方法，供销售员参考。

1. 客户说："我没时间！"

推销员应该说："我理解。我也总是时间不够用。不过只要三分钟，您就会相信，这是个对您绝对重要的信息……"

2. 客户说："我现在没空！"

推销员应该说："先生，美国富豪洛克菲勒说过，每个月花一天时间在钱上好好盘算，要比整整30天都工作来得重要！我们只要花25分钟的时间！我星期一和星期二都会在贵公司附近，所以可以在星期一上午或者星期二下午来拜访您一下！"

3. 客户说："我没兴趣。"

推销员应该说："是，我完全理解，对一个谈不上相信或者手上没有什么资料的事情，你当然不可能立刻产生兴趣，有疑虑有问题是十分合理自然的，让我为您解说一下吧，哪天合适呢？"

4. 客户说："把资料寄过来给我怎么样？"

推销员应该说："先生，我们的资料都是精心设计的纲要和草案，必须配合人员的说明，而且要按个人情况再做修订，是量体裁衣。所以最好是我星期一或者星期二过来，您看上午还是下午比较好？"

5. 客户说："我没有钱！"

推销员应该说："我了解。要什么有什么的人毕竟不多，正因如此，我们现在开始选一种方法，用最少的资金创造最大的利润，这不是对未来的最好保障吗？在这方面，我愿意贡献一己之力，可不可以下星期三或者周末来拜见您呢？"

6. 客户说："我要考虑考虑。"

推销员应该说："先生，相关的重点我们其实已经讨论过了，容我直率地问一问：您顾虑的是什么？"

7. 客户说："我要先跟我太太商量一下！"

推销员应该说："好的先生，我理解。可不可以约贵夫人一起来谈谈？约在这个周末或者您喜欢的某一天？"

销售达人如是说

很多时候，销售员被客户拒绝后就会开始对客户表现出不耐烦。这不仅让客户觉得你没礼貌，而且显得你一点专业素质都没有。当客户拒绝你的时候，你要认真地倾听，不要争吵，也不要心急去辩解。并且询问客户拒绝的原因，经常提问，才能搞明白客户拒绝的原因是什么。

● 引言

价格是销售的最后一关，如果处理不当，即使你给顾客很低的折扣，交易依然难以达成。相反，如果处理得好，根本不用为客户打折扣他们也会乖乖地掏腰包，甚至满心欢喜，连声道谢。

讨价还价，把控客户的心理

价格异议是销售中最常见的异议，它是指客户以产品价格过高而拒绝购买的异议。绝大多数客户在购买商品时都希望得到更多的实惠，因此无论是真是假，也无论有没有支付能力，很多客户都习惯和你讨价还价。他们往往会说"这也太贵了吧""我没带这么多钱""为什么比别的东西贵这么多""打点折吧，我下次还会来"等。

面对客户的异议，销售员需要准确判断他对这件产品的喜爱程度和断定客户提出的这种价格异议"是真还是假"，并且采取积极有效的应对策略，最终让客户最后下定决心购买产品。如果处理得好，根本不用给客户打折扣他就会乖乖地掏腰包；如果处理不当，即使你为客户打了折扣交易也依然难以达成。

因此，对于价格异议的处理不是与客户针锋相对，而是按照步骤、套路逐渐化解而达成销售！

有一位顾客去某家用电器商场买电磁炉，当他看到价格后，脱口而出："哎呀，你们商场的电磁炉太贵了！"推销员听了并没有马上反驳，而是面带笑容，委婉地对顾客说："您说得对，一般顾客开始都有和您一样的看法，我也不例外。但您经过使用就会发现，这个牌子的电磁炉质量非常好。您要是买一台质量差的，不仅有安全隐患，而且使用不到一两年就会坏。相比之下，这种电磁炉的价格并不贵。"

在这个案例中，面对顾客对电磁炉价格偏高提出异议时，推销员先是表示自己与顾客有相同的看法，使顾客感受到自己得到了对方的理解和尊重，这就为推销员下一步亮出自己的观点、说服对方铺平了道路。一般而言顾客都明白"一分钱一分货"的道理，当顾客得知电磁炉价格高是因为质量好的缘故时也就不会再争议了。相反，如果顾客一提出异议推销员就立即反驳："你错了，好货不便宜，你懂吗？"这样的话很容易伤害顾客的自尊心，甚至会惹怒顾客。

当推销员聆听完顾客关于价格的异议后，要先肯定对方的异议，然后再用事实或事例婉言否认或纠正。采用这种方法最大的优点是可以创造出和谐的谈话气氛，建立良好的人际关系。

在某建材家居市场，一位顾客欲买一套橱柜，但看到这里的标价比别处贵一些后有些犹豫不决。这时，推销员主动走上前向这位顾客介绍说："我们这里卖的橱柜与别人卖的不一样。请您看看，这木料、烤漆都是上乘的，做工也很考究，不仅结实，还很光亮。还有，我们的柜子比一般的深10厘米，放物空间大6%。我们的拉门也比一般的精致、灵活、耐用，不管怎么拉都非常方便自如。另外，我们橱柜的台面是进口不锈钢，耐用、结实，还不会留下划痕。这样一比您就知道，一般的橱柜与我们这里的橱柜不能相提并论。您多花一点钱所得到的好处是一般橱柜的两倍以上。"

顾客听了推销员的介绍后，得知这里的橱柜有这么多的优点，也就不再犹豫了。

在此案例中，推销员面对顾客提出的价格异议并没有急于答复，而是以自己产品的优势与同行的产品相比较，突出自己产品在材质、设计、性能等方面的优势，让顾客从心里觉得"物有所值"。反之，如果当顾客说"某某市场比你这里卖得便宜多了"时，你说"那你就去他那儿买去吧"，此言一出，生意十有八九会告吹。

总之，消除顾客价格异议的方法多种多样，销售员在销售实战中要根据顾客面对价格的态度，灵活调整自己解决顾客价格异议的办法，争取做到事半功倍。

在销售过程中，经常会遇到顾客提出各种价格异议的情况，销售员该怎样用恰当的销售语言与技巧来消除呢？

1. 优势凸显法

在销售过程中，销售员为使顾客接受价格，应该明确指出产品的最大优点，让顾客感觉花这个钱值得，然后针对这个优点进行证明或说明，使这项单一的优点成为影响顾客决定购买的最大因素，这也是销售员在销售过程中最常用的法宝之一。

2. 迂回补偿法

在实际销售中，有的时候客户对价格不肯让步，这个时候销售员就要在力所能及的范围内通过其他方式对顾客进行补偿。如表示："这个价格已经是底线了，我们实在不能再降了，这样吧，我送您一个这款手机的原装皮套，不知您意下如何？"

3. 借用外力法

面对那些死死纠缠价格不放的顾客，聪明的销售员善于借助领导或者主管的帮忙，将较为棘手的价格问题转移给领导，或者和领导演双簧，让顾客感觉让价格下浮的确不容易，从而让顾客不战而退。

4. 突出品牌法

品牌意味着安全，品牌意味着信誉，品牌意味着实力，品牌意味着号召力。优秀的品牌是具有畅销力的，品牌名气大就意味着定价的空间大。

5. 彰显服务法

高规格、标准化的服务、也是削弱产品价格敏感度的方式之一。为什么有的产品价格高但依然卖得好？除了产品质量好之外，良好的售后服务功不可没。因此，向客户充分阐述自己规范化、可以让客户高枕无忧的服务也可以消除客户对于价格的异议。

6. 高科技含量法

向客户展示产品蕴含的高科技，比如，产品所采用的领先或者进口技术、相比于竞争对手的较强的产品性能等，可以让客户理解产品价格相对高一些的原因。

销售达人如是说

为了防止客户提出价格异议，销售员应先向客户强调产品的价值，即该产品能给客户带来哪些实惠和利益，使客户认识产品的价值后再谈及价格。客户对产品的购买欲望越强，对价格的考虑就越少。

● 引言

　　在销售的过程中，处理客户的异议时机是难点，也是关键点。如果能顺利地说服客户，解决客户的全部异议，那么成交就会水到渠成。可是，如何才能把握时机，有效地排除客户的异议呢？

把握处理客户异议的黄金时机

　　在处理客户异议时，一定要掌握处理客户异议的恰当时机。选择适宜的时机处理客户的异议常常和解决客户异议一样重要。是否会选择处理客户异议的最佳时机是考察销售员能力和素质的重要标准之一。学会选择最佳时机处理客户的异议也是销售员必备的基本功。

　　把握处理客户异议的时机并预先想好客户可能提出哪些异议对成功销售很重要。在销售过程中，销售员应敏感地感觉到客户可能提出的一些不同意见，并据此明确自己的思路，先发制人地抢在客户提出异议之前消除客户的疑问。

　　面对各种类型的客户，经验丰富的销售员善于预测不同类型的客户会提出哪些不同的意见、客户对哪种产品会产生哪些异议。当销售员在洽谈中觉察到客户会提出哪些异议时，可以按照自己的思路与擅长的手法，在合适的时间内主动提出客户关心的问题并解释清楚。

　　某机构通过对几千名销售员的研究，发现优秀的销售员遇到的被客户严重反对的次数只是一般的销售员的1/10。这是因为优秀的销售员对客户提出的异议不仅能给出一个比较圆满的答复，而且善于选择恰当的时机进行答复，懂得在何时回答客户异议的销售员往往会取得更大的成绩。

当客户在还没有完全了解产品的特性及利益前提出价格问题时，最好将这个异议延后处理。

示例：

客户："你这产品价格太高了。"

销售员："我可以理解您对价格的关心，但这个产品确实有这个价值，等您体验后就会知道了。"

客户："装上DVD播放导航或视频吸引司机的视线，对开车的人来说可是很危险的，这个问题应该怎样去平衡？"

销售员："先生，您的意见很正确，如果您不介意，我们稍后再讨论吧，到时您就会发现更有意义的答案。"

在某种情况下，有时马上答复客户提出的不同意见反而对销售工作不力，这时可以采取延缓回答的办法。例如，客户问"你的价格可以降到多少"，销售员可以说"这个问题我们待会儿再探讨"。其实，有些异议根本就不是真的，客户提异议是想得到另外一种答案。

如果客户提出涉及复杂的技术细节而销售员又回答不了的异议时，就需要请有关的技术人员来解答，这样的回答才具有更强的说服力。对于那些没有足够把握能马上答复的客户异议，销售员要延迟处理，以便给自己留出更多的时间进行思考，筛选出最佳的处理方案。

掌握处理顾客异议的最佳时机是销售员的基本功之一，处理时机有以下几种情况：

1. 提前应对

当你觉察到客户会提出某种异议时，最好能在客户提出之前就主动提出来并给予解释，这样可以为我们争取到主动权，先发制人，从而避免因纠正客户的看法或反驳客户的意见而引起不快。

有的客户没有提出异议，但他们的表情、动作以及谈话的用词和声调有所流露，当销售员觉察到这种变化时就可以主动为其解决。

2. 当即处理

一般情况下，客户都希望销售员尊重和听取自己的意见并给出满意的答复，因此，当即处理是处理异议的好时机，否则客户可能会因为销售员不能立即处理这些异议而拒绝购买。

3. 推迟解决

有些客户异议比如涉及价格的，如果在客户不了解你产品的优点时马上回答，势必造成他认为价格偏高，从而全盘拒绝你的推销。所以，这样的问题可以放在后面来解决。你可以愉快地说："我马上就要谈到价格了。""我很高兴您对价格感兴趣，一会儿当我谈价格的时候您一定会感到满意的。"或者"价格包含许多因素，如尺寸、型号、交易条件和装运等，一会儿我详细来谈好吗？"

4. 无须回答

无须回答的异议指那些无意义或不相干的反对意见，也许客户只是随便一说，也许就是他的一个托词。这需要你细心观察，如果他说出异议的时候心不在焉，那你就不要理睬他。这种无意义的客户异议有时和客户的个性有关，如果认真回答反而会耽误正事，不回答客户异议也是一种推销技巧。但如果客户第二次提出来那你就要注意了，说明这个问题对他很重要，你要马上解决，否则他会反感的。

销售达人如是说

　　处理客户异议时，销售员要看准有利时机，灵活处理，而且要讲究销售礼仪，尊重客户。实事求是地承认与肯定客户的合理异议，并及时提出产品具有足够吸引力的优点。同时，要态度认真、语气诚恳，给客户一种严肃的感觉。

● 引言

在销售中，客户提出的异议越多，表明他的购买意向越强烈。但有一个前提，那就是客户提出的都是真异议。因为有时客户也许并不想购买产品，于是有意提出一些假异议，来刁难或敷衍我们。

擦亮你的双眼，认真辨别客户的真假异议

在销售过程中，客户一般会提出一些异议，但异议有真有假，销售员首先需要分析客户的异议的真假，然后有针对性地予以解决。

客户的异议一般有两种情况：

真异议指的是客户认为目前没有需要或对销售员销售的产品不满意，例如客户从熟人那里听说保险公司的保险产品不可靠。

假异议通常可以分为两种：一种是指客户找借口，或用敷衍的方式应付销售员，目的是不想将自己的需求告诉销售员或不想真心介入销售活动中；另外一种是客户提出许多异议，但这些异议并不是他们真正在意的问题。

辨别真假异议的最好途径就是当你提供肯定的答案后，留心观察客户的各种反应。一般来说，如果客户对你的肯定回答无动于衷，那肯定是假的异议，很可能还有其他原因让他担心这时你可以继续问些问题，最后他可能会说："嗯！说实话……"，这时，你一定要仔细聆听客户的真心异议。

判断客户的异议的真假，主要在于对市场、对客户了解与熟悉的程度。

然后，分析客户为什么会有这样的异议。分析是自己的工作还没有做到位还是客户想获得更多的优惠政策，或者是客户打心眼里就不想与你合作。销售员针对客户的异议应及时调整策略，答复客户的异议。

请看一个事例：

孙女士是一位爱美且挑剔的人。最近，她听说有一种新款且时尚的连衣裙已经上市了，于是来到家附近的一家专卖店去看看。

孙女士仔细看了几种颜色的款式，在试衣间试穿了几次，但觉得还有些不满意。这时，一位导购员走上前，说道："您好，这款连衣裙是最近几天才上市的，颜色丰富，款式新颖，挺适合您的身材的。"孙女士慢吞吞地说："嗯，这款连衣裙还不错，不过我还想看看有没有更合适的，我打算过段时间再买。"

导购员发现孙女士没有购买的打算，但还是主动争取，微笑着说："这件连衣裙穿在您身上比量身定做的还要合适，也更能衬托您高贵典雅的气质。"

孙女士说："连衣裙倒是不错，但就是价格太高了，我目前还买不起。"

导购员连忙说道："看您也是真心喜欢它，这样吧，如果您马上决定的话，我们给您打个九折，您也不用浪费时间去其他地方逛了，您看怎样？"

在导购员的耐心说服下，孙女士买下了那件连衣裙。

在销售过程中，出于各种各样的原因，顾客往往会对推销员的产品表示异议，除了真正的异议之外，人们往往还会表达出假的异议，而不告诉推销员为什么他们真的不想买产品。很显然，推销员很可能无法说服顾客，除非推销员搞清了客户真正的异议是什么，做不到这一步，就算推销员费尽口舌也无济于事。

但是，有的销售员从来不考虑客户的异议是真是假，只要是客户提出的异议就全部解答，结果被客户的异议所困。所以，当客户向我们提出异议时，我们要有意识地考虑异议是真的还是假的、他提出这个异议是出于什么目的。如果是真实的异议，我们就要为他耐心解答，否则就要巧妙地避开这个异议。

因此，销售员要学会辨别异议的真假，有时候还必须做一些敦促和引导，以便发现顾客的真实意图。在遇到真正异议之前最好全面分析局势，同时，你可以提出一些顾客没有想到的异议，在交谈的过程中套出他的实际想法来。

那么，销售员该如何揭开客户伪装的面纱、判断异议的真假呢？以下介绍五种方法。

1. 反问法

销售员来反问客户，让客户自己去解决其提出的异议。比如，客户说："你们的产品没有很好的售后服务。"销售员可以说："那您觉得什么样的售后服务能令您满意呢？"这时如果客户提出了具体的要求，那么这个异议就是真实的异议。

2. 假设法

假设这个异议已经解决了，客户会不会购买。比如，客户说："你们的产品没有很好的售后服务。"销售员可以说："如果我们的售后服务令您满意，您是不是就决定购买了呢？"如果客户的回答是肯定的，那么这个异议就是真实的异议。

3. 转化法

就是把客户提出的异议转化成我们的一个卖点。比如，客户说："你们的产品没有很好的售后服务。"销售员可以说："您的担心是应该的，我们现在的售后服务确实不是很完善。但您要知道我们的客户投诉量是最少的，这就说明我们的质量是最有保证的。质量与售后服务您会选择哪一个？"如果客户听到销售员这样说后点头释然，那么这个异议就是真实的异议。

4. 第三方证明法

当客户在产品性能和技术指标方面提出异议，销售人员的回答还不足以使客户信服时，可以采用第三方证明法，如出具国家权威机构的检测报告、已使用此产品的客户名单和联系方法，或者邀请客户到工厂实地考察等。如果客户在十分可靠的证明前仍不满意，那么很可能还有其他隐情。

5. 笑而不答法

面对客户的异议，销售员有时也可以面带笑容点头同意或装傻。如果客户在接下来的谈话中没有对这一问题抓住不放，那么就表明客户提出这一异议没有明显的动机，也许只是出于习惯。

在销售过程中，客户有异议是很常见的。关键是销售员在识别了客户的异议的真假后要能充分发挥自己的个人能力，引导客户跟着自己的思路走，把异议处理好。

销售达人如是说

在辨别客户真假异议时一定要注意交谈气氛，切不可咄咄逼人，让客户陷入窘境。我们切不可与客户争得面红耳赤，不管客户是否购买都要保持对客户的尊敬，保持良好的销售氛围。

● 引言

当客户的异议是建立在误解的基础之上，而销售员又确信自己有能力去说服客户时，那么不妨直言不讳地亮出自己的观点，注意把握好度。

直接反驳客户的异议要把握好度

在面对客户的异议时，大多数销售员都会把客户当上帝对待，尽自己最大的能力去处理和解决异议，以满足客户的要求。但是，对于有些提出无理要求的客户的异议，销售员应毫不客气地直接否认和反驳。

当客户的异议没有可靠的事实依据，或当客户由于无知、偏见、成见或道听途说，提出涉及销售员及公司或推销品声誉的异议时，销售员应直接明了地予以反驳，这样可以让客户树立信心，相信你的产品。如果你立场不鲜明，就会让客户生疑。

但是，反驳客户的异议必须做到有理有据。要科学地运用证据和论证来说服客户，要根据客户的异议弄清其产生原因、真实意图，然后运用讲道理摆事实的方法来说服客户。

反驳容易，证明才是关键。要证明就要提供给客户新知识、新信息。客户对你产品的无知、偏见往往是信息的缺乏造成的，你将新的信息传递给客户，就是将证明过程变成产品介绍，通过让客户了解产品来增强他对你的信心。

需要注意的是，在直接否定客户的看法时，销售员一定要注意语气和措辞，否则会让客户恼羞成怒，直接离去。特别是对一些自尊心强、表现欲望强的客户，处理异议时要尽量避免使用过于强硬的措辞。

案例1：

客户："我不会跟你们合作，因为贵公司经常延迟交货，简直是糟糕透顶。"

销售员："胡经理，您这话恐怕不太准确吧？在我接触的客户中还没有客户这样讲的。他们都认为本公司的信誉是很好的，在同业中也是有口碑的。您这么说，可否举出一个实例？"

在这个案例中，这样的问题是必须直接否认的，因为"延迟交货、不守信誉"是异议的重点，如果真有此事，客户必然能够举出实证；但如果客户的说法只是传言，并无实在的证据，客户无词可言，就只好自寻台阶下场，异议就得到了解决。

案例2：

客户抱怨地说："我听说你们公司的产品里面使用了有害的物质，你们的产品宣传是骗人的！"

销售员义正词严地回答道："我们公司的产品绝对是无毒的。您看，这是国家质量鉴定证书、生产许可证、营业执照、获奖证书……并且我们公司的产品已经在市场上销售多年了，消费者使用的证明是实实在在的，而且我们是国家注册正规企业，并接受国家有关部门的检查，怎么能是骗人的呢？"

对于类似的问题，销售员不能含糊，不能模棱两可，要清清楚楚地反驳客户，这样才能让客户信任你。在反驳客户时，一定要注意用友好而温和的态度，最好能够引经据典，以绝对优势来说服客户，这样可以让客户感到你的信心，从而增强客户对产品的信心。

反驳客户异议时销售员要把握好度，应该注意以下几点：

1. 态度要委婉

反驳客户的异议，必然会在一定程度上引起客户的不快，为了避免触怒客户，销售员应该态度真诚，语气诚恳，面带微笑。切勿怒言斥责客户或者挖苦客户。

2. 对事不对人

销售员在委婉说话的同时，还要考虑客户的感受，尽量把反驳意见针对事情本身，不要针对客户，这样可以尽可能减少客户不良的心理感受。

3. 尽量使用间接反驳

间接反驳客户，指的是销售员听完客户的异议后，先肯定对方异议的某一方面，再陈述自己的反对意见。这种方式不容易使客户产生敌对的心理，还有利于客户接纳销售员的意见。

销售达人如是说

在销售中，我们应该尽量避免去直接反驳客户。大多数情况下，直接反驳客户容易使气氛僵化，会使客户产生敌对心理，不利于客户采纳销售员的意见。但是，如果客户的反对意见来自于对产品的误解，而你确信自己有能力说服客户，那么你不妨直言不讳。

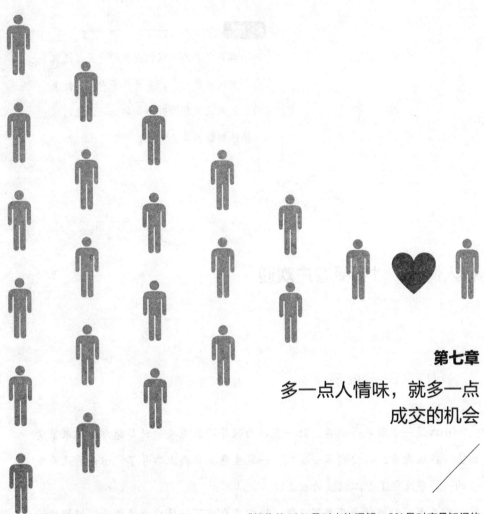

第七章

多一点人情味，就多一点
成交的机会

"销售的98%是对人的理解，2%是对产品知识的掌握。"销售的功夫在销售之外，也就是那些被称为人之常情的人情中。人是有血有肉的感情动物，销售员要学会用情感去感动客户。人情是销售的基础，销售中多一点人情味，就会多一点成交的机会。

● 引言

　　客户需要的不仅仅是你的产品，还有你的友谊和尊严，产品是许多人都能提供的，但意义和尊严并不是如此。因此，有人情味的销售员会更受客户欢迎。

有人情味，才会受客户欢迎

　　我们先来看一个案例：

　　小江是一名服装导购员，她一直以为做导购最重要的就是想办法把衣服卖出去，在她看来，只要顾客一交钱，一笔生意就算画上句号了，但是前几天发生的一件事改变了小江以往的看法。

　　前几天一对姐妹来店里买衣服。她们各自挑了一件中意的裙子，姐姐挑的是一件米黄色连衣裙，妹妹挑的是一件粉色短裙，衣服穿出来的效果还是很令人满意的。

　　姐妹二人当下就决定买下这衣服，但是姐姐有个要求："我们一下子买两件，能不能打个折扣？"

　　"两位小姐妹这么支持我们，优惠一点是应该的，两位的衣服都是按九八折算的。"小江见招拆招，九八折虽然便宜不了几块钱，但既不违反规定又能博得顾客的好感，何乐而不为呢？

于是顾客交钱结账。但小江在不经意间听到了姐妹二人在门口的对话："本来觉得这个导购人还不错，没想到最后连句'慢走'都不会说。"

"人嘛，都这样，钱赚到手了，你也没用了，人家还跟你礼貌什么。"小江知道这只是顾客的闲话，但是心里总不是滋味。原来一桩生意并不是结账了就没事了，礼貌得体地送走顾客才是真正的结束。

从以上案例中我们可以看出，其实有很多导购员都犯过案例中小江这样的错误，在顾客离开时没说礼貌的送别话语。礼貌的送别话语虽然只是简短的几句话，但是说与不说给顾客的感觉是截然不同的。也许你没说顾客也觉得没什么，但是如果你说了就会给顾客一种富有人情味的感觉，不会让顾客有上面案例中付完钱在导购员眼里就没价值的感觉。

人的内心渴望被人尊重、被人赞美、被人呵护、被人关怀。一个懂得尊重别人、关怀别人的销售员一定是一位合格的销售员。做一个充满人情味的销售员是迈向销售巅峰的第一步。

销售员要时刻站在客户的角度，真正关心客户的所急、所想，问客户一些体贴的、暖心的、感性的、关怀的问题。比如："从电视上看到贵地最近发生水灾，我的心特别紧张，赶紧打个电话，您全家都好吧？财产受到损失了吗？"

有一天，一位中午妇女从对面的福特汽车销售商行走进了乔·吉拉德的汽车展销室。她说自己很想买一辆白色的福特车，就像她表姐开的那辆，但是福特车行的经销商让她过一个小时之后再去，所以先到这儿来瞧一瞧。"夫人，欢迎您来看我的车。"乔·吉拉德微笑着说。妇女兴奋地告诉他："今天是我 55 岁的生日，想买一辆白色的福特车送给自己作为生日礼物。""夫人，祝您生日快乐！"乔·吉拉德热情地祝贺道。随后，他轻声地对身边的助手交代了几句。

乔·吉拉德领着夫人从一辆辆新车面前慢慢走过，边看边介绍。当来到一辆雪佛莱车前时，他说："夫人，您对白色情有独钟，瞧这辆双门式轿车，也是白色的。"就在这时，助手走了进来，把一束玫瑰花交给了吉拉德。乔·吉拉德把这束漂亮的花送给夫人，再次对她的生日表示祝贺。

那位夫人感动得热泪盈眶，非常激动地说："先生，太感谢您了，已经很久没有人给我送过礼物了。刚才那位福特车的推销商看到我开着一辆旧车，一定以为我买不起新车，所以在我提出要看一看车时他就推辞说需要出去收一笔钱，我只好上您这儿来等他。现在想一想，我也不一定非要买福特车不可。"

后来，这位妇女在乔·吉拉德手里买了一辆白色的雪佛莱轿车。

乔·吉拉德认为，卖汽车，人品重于商品。一个成功的销售员，多一点人情味，就多一点成交的机会。正是这种富有人情味的销售为乔·吉拉德创造了空前的效益，使他的营销取得了辉煌的成功。

人是有理智、有感情的高级动物，这就要求销售员在与客户的交往中要有浓厚的人情味，从客户的实际出发，在感情上征服客户。感情上融合了，成交就变得顺利多了。

销售达人如是说

销售员的长相可以不美、口才可以不够好，但是要会共情，要会感动客户，善于抓住客户的需求，善于抓住感动客户的点。

· 引言

一位学者说过："一种既简单又最重要的获得好感的方法，就是牢记别人的姓名。"记住客户的姓名，并能亲切地叫出来，既是一种对客户的礼貌，又是一种情感投资。

记住客户的名字，并能亲切地叫出来

名字是一个人的代号，是一个人区别于另一个人的标志。因此，每个人都希望别人准确无误地记住自己的名字。这含蓄地体现了每个人都希望得到别人的关心和注意。

名字是每一个人都十分珍爱的东西，倘若你能够记住别人的名字，对方就会感到自己受到了尊重。客户也是一样，如果某个销售员能够记住客户的名字，可以说，这位销售员就等于抓住了客户的心。

但是，在销售过程中，销售员们做得怎样呢？一项调查显示：大部分销售员至少有20%不曾询问过客户的姓名，在剩下的80%的销售员中又至少有70%的人不曾为记住客户的姓名而努力。

对于销售员来说，记住一个人的容貌并不难，可记住一个人的名字就不那么容易了，因为容貌是具体事物，而名字在本质上是一种抽象的存在，除非把它深深地铭记在心。对于那些能记住以前来过的客户名字的销售员，很多人会感到非常不可思议，而对于接待一次就能记住客户名字的销售员很多客户更是佩服得五体投地。

记住客户的名字意味着销售员已经掌握了打开客户心扉的钥匙。不论你对某位客户的推销是否成功，请记住他的名字。对于未成交的客户，许久未见面后你能叫出他的名字，他会很高兴，说不定就痛快地成为你的真正客户；对于已成交的客户，许久未见之后你能叫出他的名字他会很满意，说不定会再从你这里买点什么。所以，花点精力记住客户的名字是值得的。

凡是取得非凡成就的人都知道记住别人的名字将会给自已带来莫大的助益。他们知道，掌握人心之法并不是在于很深的理论，而是在于记住别人的名字，并且亲切地招呼，如此而已。迅速而正确地喊出别人的名字表示了你对他的关心是多么的深切。

正如人际关系大师戴尔·卡耐基曾经说："记住对方的名字并把它叫出来，等于给对方一个很巧妙的赞美。而若是把他的名字忘了或写错了，就会处于非常不利的地位。"

请看下面这个案例：

一天，销售复印机的推销员魏先生匆匆走进一家公司，找到经理室后推门进屋。"您好，王先生，我是兴达公司的推销员小魏。"

"王先生？你找错人了吧。我姓李，不是你要找的人。"

魏先生一脸尴尬，"对不起，可能是我记错了。我想向您介绍一下我们公司的复印机产品。"

"我们现在还用不着复印机。"对方一脸的不耐烦。

"哦，这样啊。我们还有别的型号的复印机，这是产品资料。"魏先生将资料在桌上摊开，"您看，这些产品都是很不错的，还有这些。"

不等魏先生说完，对方又不耐烦地摆摆手，"抱歉，我对这些都不感兴趣。"

一桩生意还没交谈就这样就泡汤了。魏先生失败的原因何在呢？没错，就是因为叫错了客户的名字，一个小小的错误导致满盘皆输。

跟人打招呼时，最重要的就是记住对方的名字。天才销售员乔·吉拉德有个很好的习惯，即使是五年没见的客户，只要踏进他的店门，乔·吉拉德也能马上说出对方的名字，让客户觉得乔·吉拉德始终记挂着他。所以，销售员一定要将客户的名字和容貌牢牢记住。

姜小姐是银行投资理财部的业务经理，从事投资理财业务已五年有余。

有一天，姜小姐对一位前来办理投资理财业务的老客户说了一声："刘阿姨，您好！"老者眼前忽地一亮，显得非常激动："小姑娘，你还记得我是谁？"小姜微微一笑，"刘阿姨，您是我们的老客户了，我怎能记不住您呢？"

老者办完手续后，没有像以往那样很快离开，而是向后面排队的客户讲起小姜的种种好处来："小姜这小姑娘服务态度可好啦，总是和和气气的，她的服务水平可高啦，三下五除二就为你办好手续！"引来众客户频频点头，纷纷投来赞许的目光。

小姜打招呼时一句很平常的对客户的称谓引起了意想不到的效果，其中的奥妙就是记住客户的名字，顿时拉近了与客户之间的心灵距离，令人倍感亲切。

从上面的案例中我们可以看出，最单纯、最明显、最重要的表示尊重的方法，就是记住对方的名字。记住对方的姓名，能使你迅速获得对方的好感。

销售员要做到准确记住客户的名字，可以使用以下几种方法：

1. 拜访前先了解清楚

当我们要去拜访一个客户时，去之前我们一定要了解这个人叫什么名字，至少要知道姓什么。

2. 用心听，用心记

第一次接触客户就要留意对方的姓名，如果没听清楚，可以让客户重复一下。

3. 用笔记在本子上

好记性不如烂笔头，对于客户的姓名、联系方式等重要信息可以记在本子上，以防止遗忘。

4. 不断重复，加强记忆

在初次见面的谈话中，可以多重复几次对方的称呼，这样有助于加深记忆。

另外，如果碰上一个较难发音的名字，可以问："您的名字我念得对吗？"如果客户的名字实在太难记了，那么不妨问问其来历。

再次见面，应用记住的名字称呼对方，当不能完全确认客户的名字时，可以试探地问："对不起，请问您是××先生吧？"千万不要贸然叫错客户的名字。

销售达人如是说

在客户说自己名字的时候，你可以跟着重复一遍，也可以将你记忆的名字与客户的相貌相互对应，心里重复这个联系并且记忆多次，还可以在交谈的过程中多使用客户的名字等，这些方法都可以帮助你记住客户的名字。

● 引言

礼貌用语表达的是人与人之间的尊重和理解，同时它还蕴含着情感色彩和心理需求。在销售时，销售员人员一定要善于用礼貌用语。因为礼貌是打开业务之门的敲门砖。

礼貌待客，拉近和客户之间的距离

礼貌一词，在中国古代指"礼仪""礼""礼节"等，是古代社会的典章制度和道德规范。如今，礼貌是人与人平等友爱、互相尊重的体现，指人们在一切交往中行为举止谦虚、恭敬，彬彬有礼。

礼貌对于销售员来说尤为重要。比如，在日常工作中，销售员会经常碰到这样的事情：自己正在处理一件急事或者正在接听一个电话，另一个电话打进来了，他会不假思索地拎起另一个电话说"我正有事，你一会儿再打来"，说完就把电话挂了。其实，他也不知道这个电话是谁打来的、有什么事找他，而这个被粗暴对待的电话可能再也不会打来了。

因此，这个销售人员很可能会因为"果断"地挂电话而失去一笔订单。而作为一个对工作认真负责的销售员，他的回答应该是："对不起，我正在处理一件急事（或者正在接听一个电话），请您告诉我回电号码，等一会儿我给您打过来。"对方听到这样的回答时，一般都会很乐意地把回电号码告诉你。这样的回答不会造成工作上的失误，也是一个销售员应具备的礼貌的工作态度。

礼貌就是一个人的名片，说话有礼貌的销售员总是更受人欢迎。有礼貌看似是小事，却直接影响着你的形象以及别人对你的态度。

潘先生是一家外贸公司的老板。一天他正在会议室里开会时有人敲门，他习惯性地说了声"请进"。抬头一看，进来的是一位推销员，但是他并不认识。那位推销员四下看了看，并没有确认自己找谁，张口就问："潘××呢？"

这话一出口，大家都愣了一下，都往潘先生这里看。潘先生心里也很纳闷，在公司这么多年，还没有谁敢对他直呼其名的。他脸色微微一变，但还是有礼貌地对他说："我就是，找我有什么事吗？"

那位推销员大大咧咧地说："噢，你就是潘××呀，我可早就听说过你了。我是××公司的推销员，这是我们公司的新产品，你给我看一下是否需要采购？"

当时正是公司开会时间，这位推销员当着这么多人的面找老板推销产品，真是太不合适了。

潘先生到底是有涵养的人，他看到这个推销员这么没有礼貌并没有发火，只是随口说："那你先把产品放那里吧！"

这个推销员就把自己的产品放在会议桌上，说："刚好你们在开会，你们一起看看呀！我在外面等你回话！"

潘先生从来没见过这样无礼的推销员，再也无法忍受，说："请问你是找人办事还是下达命令呢？你把产品拿走吧，我们公司不需要！"

从这个案例中可以看出，没有礼貌的推销员因为命令客户购买他的产品，结果被客户扫地出门。其实，推销员推销产品时应表现得谦逊有礼，这样客户才会愿意接受你。有位名人说："生活中最重要的是有礼貌，它比最高的智慧、比一切学识都重要。"对于一个习惯出言不逊的推销员，客户自然不会接受他的产品。

　　无论什么时候与客户交谈，推销员都要讲文明、讲礼貌。要做到这一点，就务必要把"请"和"谢谢"等人际交往中的礼貌用语常挂嘴边。推销员要尽量说让客户感觉亲切、舒服的语言。

　　此外，推销员在与客户的沟通中要多用通俗的语言，通俗易懂的语言才容易被大众接受。所以，销售人员如果能较多地使用通俗化的语句，少用书面化的语句，就能与客户更显亲切。反之，故意咬文嚼字或使用深奥的专业术语会令客户感到费解，不仅不能与客户顺利沟通，还会在无形之中拉开与客户之间的距离。

　　那么，在实际销售中，销售员该如何做到礼貌待客呢？

1. 多说"我们"少说"我"

　　与客户交谈时，销售员应站在客户的角度想问题，多说"我们"，虽然它只比"我"多了一个字，但多了几分亲近感。

2. 永远比客户晚放电话

　　在和客户电话交谈时，有的销售员常常会急匆匆地把电话挂断，尤其是在与不熟悉的客户电话交谈时。销售员还没等客户反应过来，就先把电话挂掉，这样会让客户心里感到很不愉快。永远比客户晚放下电话，这体现了对客户的尊重。

3. 与客户交谈中不接电话

　　由于业务的需要，销售员可能会有很多电话。在和客户交谈的过程中难免会出现电话响起的时候，此时销售员不应该接电话，尤其是在初次拜访或重要拜访时一定不要接电话，因为这样是对客户不礼貌、不尊重的做法。

4. 最好不要在客户面前吸烟

在客户面前尽量不要吸烟，在不吸烟的客户面前吸烟更是不礼貌的，因为有些客户本身非常讨厌别人吸烟。对于吸烟的客户，可以礼节性地向他递一支烟表示尊敬。

总之，作为销售员一定要谨记，在和客户交谈时，礼貌用语不可或缺，同时也应该牢记使用礼貌用语时需要注意的事项，这样才能真正赢得客户的好感，拉近和客户之间的距离，为成功销售打下良好的基础。

销售达人如是说

在销售中，如果你善于说礼貌用语，你和客户的关系很快就会融洽起来。通常用到的礼貌用语很多，例如"你好、谢谢、很抱歉、别客气、请多关照、合作愉快"等。

● 引言

　　销售员要懂得体察客户的心理，多站
在客户的角度想问题。在与客户交谈时，
要让客户感觉到我们是时时刻刻在替他考
虑，而不是一心只想着赚钱，这样客户自
然会不等我们开口就主动掏钱了。

多替客户着想，多体谅客户的难处

　　在销售过程中，很多销售员都坚持一个原则，那就是"一切以赢利为目
的"。在这一原则的指导下，许多销售员为了使自己获得最多的利益总是不
惜去损害客户的利益。他们或者诱导客户购买一些质劣价高的商品，或者达
成交易后就感觉事情已经与自己无关，而不管客户在使用商品的过程中会出
现什么问题。其实，这样做虽然可能会在短期内获得不菲的收益，但从长远
的角度看，对销售员的发展是不利的。因为如果客户的利益受到损害，对销
售员的信赖度就会降低，长此以往就会导致客户不断流失，从而使销售员自
身的利益受到巨大的损失。

　　销售员应该把客户当作与自己合作的长久伙伴，而不是时刻关注怎么最
快地把商品卖给客户。销售人员只有把客户的问题当作自己的问题来解决，
才能取得客户的信赖。因为，多替客户着想会使销售人员与客户之间的关系
更趋稳定，也会使他们的合作更加长久。

　　为了留住老客户，同时不断发展新客户，销售员就要为客户着想。最适

用的一点就是为客户提供能为他们增加价值和省钱的建议，这样销售员才能够赢得客户的欢迎。要做到时时刻刻为客户着想，站在客户的立场上来看待问题，销售员就不要先考虑盈利，而要先考虑怎样才能够为客户省钱，帮助他们以最少的投入获得最大的回报。

替客户着想就等于抓住了客户的心。为客户着想时，有时销售可能会牺牲自己的利益，这时最明智的办法就是放弃眼前的利益，以使自己获得更加长远的利益。只有多替客户着想，客户才会替你着想。要想实现成交，就要先替客户着想。

有位老太太到一家超市买保健品。促销员热情地询问了解她的需求后，给老太太介绍了一种适合她吃的保健品。此品牌的保健品当时正在搞活动，老太太买了两箱保健品，赠送了一些生活日用品。当促销员帮老太太将所有商品送到收款台时，却发现老太太是一个人来的，这么多东西不好拿。因此，当老太太交完款后，促销员便主动地对老太太说："请问您是怎么来的？坐车吗？"

老太太听完促销员的询问很感动，对他说："谢谢你，我自己坐车来的，要坐三轮车回去。"于是，促销员找了小车帮助老太太把商品送到了超市门口，然后为老太太看着商品，让老太太去找三轮车。老太太家离超市比较近，但三轮车夫要价高，在双方未协商好价格的情况下，促销员走上去对老太太说："您稍等一下，我帮您找辆车吧！"老太太向他投来感激的眼神。接着，促销员找了一辆三轮车并谈好了价钱，帮助老太太把商品装好。老太太坐上车后，连声向他道谢。

从那以后，这位老太太成了这个保健品店里的常客。

简单地分析一下这个案例就会发现，促销员帮助老太太买商品、结款、找车、装车、送老太太回家。由此服务过程可以看出，这个促销员能体谅客户的难处，站在客户的立场上考虑问题，一步一步地帮客户解决了问题，最后既赢得了客户的心，又为自己赢得了利益。

在销售过程中，只要我们随时多替客户着想，多体谅客户的难处，真正地把客户当作自己的朋友，尽力满足客户的需求，就会给客户留下美好的印象，让客户在潜意识中接受你销售的商品。

可以说，多替客户着想是销售的最高境界。当客户意识到销售员在想方设法、设身处地地给他提供帮助时，他会很乐意与销售员交往，更乐意与销售员合作。所以，在销售的过程中，只要销售员能够站在客户的立场上为他们的利益着想，并真诚地与他们进行交流，就会赢得他们的信赖，并与之成为长期而牢固的合作者。

在销售过程中，销售员不仅应多替客户着想，还应多体谅客户的难处。只有诚心诚意体谅客户的难处，才能得到客户的重视。那些业绩突出的销售人员之所以与众不同，就是因为他们比一般人更能替客户着想，更体谅客户的难处。

总之，要想成为一名优秀的销售员，就必须用心维护客户关系。这样，客户才愿意一次又一次地回头光顾你的生意。更重要的是，他们也会乐意介绍别的人给你，这就是心理学中所谓的"滚雪球效应"，成功的推销业务正是建立在这一基础上的。

销售达人如是说

你想要客户如何对待你，首先就要如何对待客户。只有从关怀客户的角度出发，多为客户着想，多体谅客户的难处，才能多一些成交的机会。

● 引言

作为一个销售员，和每个客户都要搞好关系，不分新老。尤其在客户暂时失势时要伸出援助之手，那么当他重整旗鼓时你就能收到丰厚的回报。

人走茶不要凉，随时表现你的关心

我们先来看一个案例。

小张是地板公司的销售业务员，天天与各种各样的客户打交道，也结识了许多大客户，杨先生就是一家客户公司的总经理。

在杨先生担任公司总经理期间，每年年底，礼物、贺卡都会像雪片一样飞到他的家。可是在他退休的那一年收到的礼物只有一两件，贺卡则一张也没有。以往访客络绎不绝的热闹场面和门可罗雀的凄凉形成了鲜明的对比。

正在他为此烦恼时，小张仍然像往年一样带着礼物来看望他，就像对待自己的老朋友一样。这使杨先生颇为感慨：任职期间，许多人巴结、讨好自己，逢年过节大包小包地给自己送礼；可退休后，曾经巴结自己的人一个也没露面，拜访他的却是一个普通的业务员。因为深深感受到了世态的炎凉，杨先生被这位业务员感动得热泪盈眶。

小张对此的解释是，杨先生担任客户公司总经理时对他的销售业绩帮助很大，所以即使杨先生不再是公司有权威的经理，自己也要尊重他、感谢他。

没过多久，杨先生被原公司返聘为销售顾问，当然，他很自然地提出要和小张所在的公司合作，为小张联系了不少的业务，原因正是小张在他衰落之时依然登门拜访，给他留下了深刻的印象。

从上面的案例中我们可以看出，业务员小张在杨经理退休后仍然登门拜访去看望他，说明他是一位颇有人情味的业务员，使杨经理深受感动。当杨经理重回公司时自然会想着小张，给小张的业务以便利。

销售人员从事的是与人交往的工作，对待一时落魄、失势者的态度不仅是对一个人交往品质的考验，也是建立良好人际关系的契机。

周先生是一家行业内颇有分量的传媒公司的董事长，他有一个习惯，逢年过节会给各方朋友寄贺卡。

有一位和公司有点误会但合作多年的公司总裁退休了，周先生照样给他寄贺卡，而且每年都寄。有一次他生病了，周先生还带着慰问品专程坐火车去看望。那位退休总裁很感动："知道我为什么要感谢你吗？我退休第一年，收到的贺卡减少了90%，到了第二年基本上就没有了，只有你还一如既往地给我寄贺卡。都说人走茶凉，可我在你们公司看不到这一点。我过去为难过你们，你们却以德报怨。"周先生说："公司感谢每一位朋友和客户，包括现在的和曾经的。我们的原则是人走茶不凉，退休的朋友也是朋友，而且是最不能忽视的朋友。"

周先生的身体力行深深地感染了公司的每一位员工。有一次，周先生带国外一家媒体单位来公司参观。当来到销售部时，周先生发现销售部设有两面照片墙，一面墙是黑白的，是公司现有的客户；另一面墙是彩色的，悬挂着曾经和公司合作过的客户。合作过的客户被放在更显赫的位置，参观者都非常感动。周先生对销售部主管说："请以我的名义给每个曾经和公司合作过的客户发一封信，希望他们能回娘家看看，这里永远是他们的家，我们会为他们准备好热腾腾的香茶。"

人走了，茶不凉。周先生的公司之所以能从众多媒体公司中突围出来并取得成功，靠的不是关系，而是用"做事先做人"的理念凝聚起来的人脉资源。

在现实生活中，人们习惯与事业有成的人缔结关系，而一个人失势时却常常容易遭到众人的漠视。当原来交往密切的人都离他而去时，如果你此时能伸出援助之手与之交往，他必定心存感激，铭记在心。

因此，销售员应随时表现出你对客户的关心，奉行"人走茶不凉"的准则。

销售达人如是说

在销售工作中，"人走茶凉"抑或是"人走茶不凉"在于我们销售员自己把握，如果我们把"友谊"这杯茶时时放在心里捂着，那它就会在客户心里永远散发出暖暖的清香。

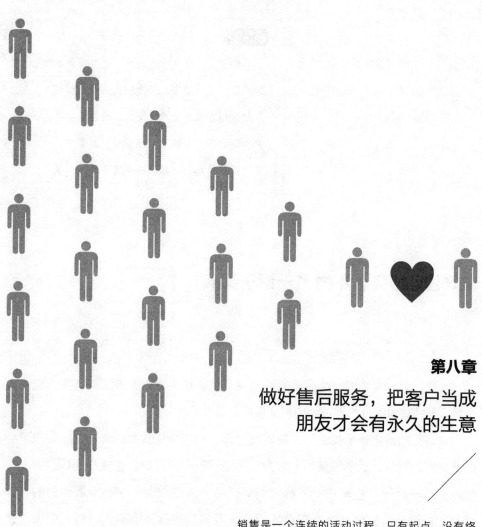

第八章

做好售后服务，把客户当成
朋友才会有永久的生意

销售是一个连续的活动过程，只有起点，没有终点。成交并非销售活动的结束，而是下次销售活动的开始。拿到第一张订单仅仅是销售业务的开端，提供优质的售后服务，从而把客户变成长久的朋友，才是销售工作的重中之重。

● 引言

　　销售是一个连续的过程，成交既是本次销售活动的结束，又是下次销售活动的开始。销售员在生意成交之后继续关心客户，既会赢得老客户，又能吸引新客户，使生意越做越大、客户越来越多。

做好售后服务，不做"一锤子买卖"

　　当销售员与客户成交之后，有些销售员就会认为万事大吉了。其实，成交并不是销售的终点，真正的销售从售后服务开始。

　　"真正的销售始于售后"，在成交之后，销售员能够关心客户，向客户提供良好的服务，既能够保住老客户，又能够吸引新客户。在成交之后，销售要继续不断地关心客户，了解他们对产品的满意程度，虚心听取他们的意见，对产品和销售过程中存在的问题采取积极的弥补措施，以防止失去客户。

　　销售并不代表收完钱就了事，销售员还要履行对客户的承诺。往往有许多销售人员在说服客户购买时漫不经心地向客户提出商品出售后的某种服务，后来却忽略掉了曾经许下的承诺。这样很容易给客户造成误会或不愉快，如此一来岂不成了"一锤子买卖"，怎么能保证客户会再次购买呢？

　　"成交之后仍要继续推销"，这种观念使乔·吉拉德把成交看作推销的开始。乔·吉拉德和自己的客户们成交后并不会把他们置于脑后，而是继续关心他们，并恰当地表示出来。

乔·吉拉德每月都要给他的一万多名客户寄去贺卡。一月份祝贺新年，二月份纪念华盛顿诞辰日，三月份祝贺圣帕特里克日……凡是在乔·吉拉德那里买了汽车的人都收到了乔·吉拉德的贺卡，从而也记住了他。

正因为乔·吉拉德没有忘记自己的客户，客户才不会忘记他。

将商品卖出去并不等于销售工作已经完成。重视售后服务才是赢得客户的法宝。

许多销售员将产品售出后便不闻不问。然而，没有售后服务的销售在客户眼里是没有信用的销售；没有售后服务的商品是没有保障的商品；不能提供售后服务的企业和销售人员最终也无法赢得客户的信赖。

那么，销售员该如何做售后服务呢？

1. 经常做回访

客户购买了你的产品后，你要经常做回访，直到客户使用熟练为止。在还没有熟练之前客户总会遇到许多问题，尤其是那些非常专业的知识，这就要求销售人员做一些经常性的售后访问。

2. 提供最新的情报

主动为客户提供经营情报，介绍公司的新产品和新服务项目。这都需要销售人员在做售后服务时去做，等于不断地与客户建立良好的关系，在此过程中，还可以从客户那里得到很多有关其他公司的情报。

3. 经常性拜访

经常去拜访客户非常重要，拜访并不一定是为了销售，主要目的是让客户感觉到销售人员和企业对他的关心，同时也是向客户表明企业对销售的商品负责。拜访行为要自然一些，不要使客户觉得销售人员的出现是在有意讨好，更不要因拜访而干扰客户的正常生活。

4. 书信、电话联络

书信、电话都是联络感情的工具，在日常生活、工作中被广泛使用。当有些新资料需要送给客户时，可以附上便笺用邮寄的方式寄给客户，客户对收到的函件会感到意外和喜悦。用打电话的方式与客户联络也是一种很好的方式，偶尔几句简短的问候会使客户感到高兴。但是，这些友谊性的电话在交流过程中要注意语言得体、适当，不能显得太陌生、太离谱。

5. 倾听客户的抱怨

每一个客户都会有抱怨。没有一个客户是完全满意、百分之百高兴的，或多或少都会有问题。他愿意向你抱怨，等于让你有机会能重新为他服务。因此，耐心地倾听他的抱怨，正是对他最大的安慰。

> **销售达人如是说**
>
> 在产品同质化日益严重的今天，售后服务作为销售的一部分已经成为众厂家和商家争夺客户的重要领地。售后服务做得好，达到客户提出的要求，客户的满意度自然会不断提高；反之，售后服务工作做得不好或者没有做，客户的满意度就会降低，甚至会对产品或服务产生极端的不满意。

● 引言

回款是销售员的核心工作之一，也是企业生存、发展的要素之一，只有不断提高回款质量、不断提高业绩，企业才能健康发展，销售员才能快速进步。

掌握催款技巧，解决回款难题

回款一直都是困扰销售员的难题。销售员的一切行为归根到底都是为了回款。公司产品的促销活动、市场推广、品牌宣传、导购推销等行为最终都是为了多销售、多回款。可是，在同一个公司，有的销售回款及时，有的却回款滞后甚至一拖几年。

在销售工作中，很多企业都认识到了回款的重要性，销售工作经验中将回款这项工作作为重要指标来考核。俗话说，没有回款的销售是不完整的销售。

更为严重的是，时间一长，销售员必将陷入一个可怕的怪圈：欠款越多，款越难收。一旦销售员进入这个怪圈，一般很难从中轻易脱身，他们要么不断被拖欠销售回款的客户继续拖欠下去；要么是销售人员冒着失去市场和客户的风险强行从客户手中收回销售回款。

回款对企业来说就是新的血液，没有回款，企业就很难正常运转，所以销售回款工作在某种程度上来说不亚于销售中的任何一个环节。换句话说，回款决定着企业的兴衰存亡。

在销售过程中，回款是销售员的重要工作，也是整个销售过程的关键一环。销售员只有解决回款难题才能实现公司的利益，才能实现个人的利益。但不少销售员的推销工作做得很好，就是回不来款，结果把自己弄得焦头烂额。

春节前夕，某食用油销售员小李来到客户周老板的办公室催要货款。

小李："周总您好。春节到了，恭喜发大财啊，呵呵。"

客户："靠你们才能发财，最近有什么好的政策吗？"

小李："政策？唉，不可能了，现在我们产品都供不应求，好多客户都打了款在排队抢货呢！"

客户："什么，你们货源紧张？真的吗？你怎么不早说，太不地道了吧。"

小李："昨天公司才通知今年春节前货源紧张，我也没想到今年货源提前紧张了。何况，您久经沙场，信息应该比我灵通啊。"

客户："那我马上办款，您要想办法帮我一把，不然，今年我就亏大了。"

小李："怎么帮你啊，年底你准备给我回款多少？"

客户："李老弟，今年生意不好做，先给你60万吧，怎么样？不过，你要想办法给我搞一两个点政策支持啊。万一市场上有变故，我也能应付下。"

小李："周总啊，你不是难为我吗？公司已经下了公文，要首先保证下单量比较大的客户的货源，但没有说给予政策支持啊！您看下公文吧。"

小李说着就打开电脑，周老板摆了摆手："看什么公文，那都是你们公司的形式，事在人为，我相信你的能力，我现在就让财务去拨款。"

小李："周总，您这是逼我犯错误啊，要不这样，您给我60万回款，再办货40万，您一共办款搞个100万。怎样？"

客户："好，100万，你能确保吗？"

小李："这样吧，我给我领导打个电话吧。"

说完拿起电话，当着周老板的面故意和其经理打起电话。

客户："怎么样？"

小李："领导说能确保货源，但必须尽快打款，记住不要对外人说，否则你我就麻烦大了。"

客户："好，就这样定了，我现在就去办款。"

销售员小李不愧是业务高手，巧妙利用春节前货源突然紧张的形势给客户周老板制造心理压力，让周老板自动陷入自我紧张的气氛中，主动提出打款60万元，来获取小李的偏爱和帮助。小李故意以目前政策难以申请为借口，让周老板感觉小李做的每一件事都是在为他服务、为他谋利，于是他心存感激，结果小李不仅顺利收回60万元的回款，还定下了40万元的货款，可谓一举两得。

销售只是过程，回款才是结果。回款是销售工作的重要话题，尤其对于资金紧张的企业，回款更是生死攸关的大事。打仗要讲究战术，催款要讲究技巧。技巧得当，回款就成功了一半。那么，销售人员应如何轻松地追回应收账款，同时还能与对方保持良好的业务关系呢？

1. 建立客户诚信档案库

事先收集客户的信息和相关档案，在此基础上进行整理和分析，对客户财务状况、市场网络、销售能力、组织管理等各个方面充分了解。这样可以在做出交易决策的时候避免因为信息不充分而为以后留下货款风险的隐患。

2. 欠款回收有技巧

收款前做到凭证齐全、账目清楚，确认清欠的关键人员，熟悉客户常用的欠款方法并做好应对准备。面对客户的时候要端正态度，做到有理有利有节，不卑不亢，用充分的理由来说服对方，同时又要注意不把关系弄僵。

3. 协助客户销售产品

有时候会遇到不是客户不想回款，奈何产品销售不佳影响了回款的情况。这时候销售员应帮助客户分析市场，制定相应的助销政策，联合厂家策划促销方案，往往可以收到很好的效果。

4. 让客户养成及时付款的习惯

为了促使客户及时付款，销售员要及时去收款。收款的难易程度取决于拖欠货款的时间，而不是货款的金额。如果客户坚持不付款，就要考虑继续合作下去是否会越拖越多，应该有计划地控制发货，逐步减少应收货款，必要时用断货的方法来迫使客户及早付清全部欠款。

销售达人如是说

通过与客户良好的客情关系或私交，运用情感打动客户，使其帮助你给公司回款，达到回款的目的。告诉客户自己遇到了什么问题，如果不能完成回款公司会怎样处罚，总之会很为难，由此利用客户的同情心和朋友关系来达到目的。

● 引言

"受人滴水之恩，当以涌泉相报。"
对于绝大多数人来说，投桃报李是人之常
情，所以销售人员的感情投资也会得到
回报。

学会情感投资，你会得到高额的回报

　　客户就是上帝，销售员与客户之间的关系就像追求者与被追求者，把对方追到手里该如何经营这段"感情"是更重要的环节。

　　人是有着丰富感情的高级动物，没有感情的人是不存在的，不为他人付出感情的人在这个世上也绝对找不到。感人之心莫过于情，销售员在售后服务过程中应该学会给予客户必要的情感关怀。感之以情，动之以礼，相信只要付出爱心，就一定能感动客户。

　　感情投资是一门学问。人是感情动物，都需要感情投资。在市场一线的销售员如果能把自己的真实感情融入销售中，通过感情投资与客户建立忠诚的伙伴关系、朋友关系，远超过买卖关系的范畴。

　　感情投资不是行贿，也不求回报，你用真情对待客户，客户也会真心对你。买卖双方有感情了，生意也就好做了，你也拥有了长期、稳定的销售渠道。

　　以感情投资提升客户服务是销售员做好售后服务的方法和手段之一。实践证明，这种方法会赢得一大批回头客，你也会被认为是"有人情味"的销售员。

情景一：房子交付前的电话回访

房产销售员："唐先生，您好，我是××楼盘的置业顾问小陈，您明天就可以看到您的那套房了，我打电话问您一下，明天需不需要我陪您一起验房啊？"

客户："哦，你明天有空吗？"

房产销售员："有空，我请了一上午的假，想专程陪您验一下房。买一套房不容易，我希望您能安心、放心地搬进这个新家。"

客户："非常感谢你，那明天上午九点我们楼下碰头吧。"

情景二：客户入住之后的登门拜访

房产销售员："唐先生，您好，今天是您的乔迁之喜，我冒昧地来打扰您一家子，您不会介意吧？"

客户："不会，不会，我很高兴你能来，太让我意外了。"

房产销售员："唐先生，唐太太，我带来了两盆盆栽，以前听唐太太说很喜欢蝴蝶兰，所以特意选了这种花，希望能为你们的新家添加一份美丽。"

客户："你太客气了，快进来坐。"

房产销售员："唐太太，您真的很不一般，居然能把家里布置得这么漂亮，我们的样板房都比不上您的新家啊！"

情景三：处理客户投诉之后的电话回访

房产销售员："唐先生，您好，上一次您跟我说新房有渗水的现象，不知道我们售后的同事去您家检修了没有？"

客户："哦，他们很早就来了。"

房产销售员："渗水的问题处理好了吗？"

客户："嗯，他们忙了一上午，渗水问题解决了。"

房产销售员："哦，那我就放心了。唐先生，给您造成这样的麻烦真的很抱歉，如果以后遇到什么问题，请您随时联系我。"

客户："好的，谢谢你啊，小陈。"

从上面的情景对话中我们可以看出，房产销售员在客户签约之前热情相待、关怀备至，客户可能不会有非常特别的印象，但是，如果客户签约了、入住了甚至已经住几年了，房产销售员依然能与客户保持良好的关系，适时表达关怀，及时帮助客户，这样的售后回访才是最能赢得客户信任与好感的行为。

优秀的销售员能够始终如一地为客户服务，不仅能做好签约前的销售工作，更懂得以感情投资提升客户服务。时常的一句问候、简单实在的一份小礼物、力所能及的一次援手，这些细节往往能将一个普通客户转变为老客户甚至是忠诚客户。

在售后服务中，销售员销售与服务工作的核心就是与客户建立感情联系。那么，如何才能与客户建立起真正的关系呢？

1. 提供亲情服务，培养客户归属感

通过开展亲情服务，为客户排忧解难，培养客户对公司的归属感。如在客户不方便的时候主动提供送货上门服务；关注客户的生日，在客户生日时给他们送去一份诚挚祝福，这样可以大大增进客户与销售员之间的感情。

2. 学会关心客户的家人

销售员要学会关心客户的家人，如：平常与客户交流时可以在对方不经意的谈话中记下其家庭成员的状况，比如生日、特殊日子等，在适当时候给予问候。比如"您儿子今年高考了吧，一定考得不错吧？""今天是你老婆的生日噢！"诸如此类细小、亲切的寒暄问候，最有利于人与人之间拉近感情，营造温馨的气氛。

3. 懂得细心沟通

销售员在平时拜访客户与提供服务时，就应当注意收集客户的点滴信息，不以事小而不为。在与客户沟通时要懂得倾听客户说话，不要轻易打断他人的话，必要时可以做一些笔记，既可以防止遗忘，又能向客户表明对他的重视。

其实，能让客户感动的行为往往是我们不经意的行为，只要用心去做，付出了真挚的感情，就一定能赢得客户的满意，同时也能得到客户对我们的信任和依赖，从而得到回报。

销售达人如是说

感情投资是正常人际交往的基础，金钱和物质利益并非人们进行感情投资活动的唯一中介，销售员可以借助更多的形式来进行感情投资，一个问候、一次握手、一个消息甚至是一次举手之劳往往让客户感激涕零，客户服务会不知不觉地提升一大截。

> **●引言**
>
> 客户是销售人员的上帝，没有客户就意味着我们没有收入来源。开发新客户和维护老客户是销售人员的重要工作。相对于开发新客户而言，维护老客户成本要低很多。

掌握维护、留住老客户的技巧

维护老客户、开发新客户，这是每个销售人员都需要做好的事情。一个公司要不断向前发展，在扩大新客户的同时更不能缺少老客户的支持。

十年前，IBM的年销售额由100亿美元迅速增长到500亿美元时，IBM营销经理罗杰斯谈到自己的成功时说："大多数公司营销经理想的是争取新客户，但我们的成功之处在于留住老客户；我们IBM为满足回头客，赴汤蹈火在所不辞。"又如，号称"世界上最伟大的推销员"的乔·吉拉德15年中以零售的方式销售了13001辆雪佛莱汽车，其中六年平均每年售出汽车1300辆，他所创造的汽车销售纪录至今无人打破。研究发现，乔·吉拉德65%的交易多来自于老客户的再度购买。他成功的关键是为已有客户提供足够的高质量服务，使他们一次又一次回来向他买汽车。

可见，成功的销售员把留住老客户作为企业与自己发展的头等大事。留住老客户比培育新客户甚至比市场占有率重要。据顾问公司多次调查证明：留住老客户比只注重市场占有率和发展规模经济对企业效益的奉献要大得多。

统计数据表明，发展一位新客户的投入是巩固一位老客户的五倍。在许多情况下，即使争取到一位新客户也要在一年后才能真正赚到钱。向一个新客户进行推销所需费用较高的主要原因是，进行一次个人推销访问的费用远远高于一般性客户服务的相对低廉的费用。因此，确保老客户的再次消费是降低销售成本和节省时间的最好方法。

留住老客户还大大有利于发展新客户。在商品琳琅满目、品种繁多的情况下，老客户的推销作用不可低估。因为对于一个有购买意向的消费者来说，在进行购买产品前需要进行大量的信息资料收集。其中听取亲友、同事或其他人亲身经历后的推荐往往比企业做出的介绍更能得到购买者的信任。

最好的潜在客户就是目前的客户，如果您一直坚持这一想法，那么一定会与客户建立起长期关系。虽然所有的销售员最感兴趣的都是发展新客户，但我们决不能忽视现有的客户。与开发新客户相比，维持老客户付出的时间和精力更少、更合算。

有经验的销售人员在稳定的老客户身上能实现大部分的销售额，因此每个销售员都需要发展老客户。但许多人想当然地认为老客户就是自己的客户，这是不对的，因为在我们寻找新客户时，竞争者也同样在这样做，竞争者同样会想尽办法挖走您的老客户。所以，对方只有提供比竞争对手更好的服务才能留住老客户。

小郭是一名汽车销售员。刘先生是他的老客户了，前几年买了一辆丰田车，最近又在他公司购买了第二辆丰田车。连买两辆丰田车除了刘先生喜欢丰田车之外，其中一个重要的原因就是小郭优质的售后服务。

刘先生买的第二辆红色丰田车有一次被刮了漆。刘先生把这事告诉了小郭，小郭二话没说就驱车去现场看了刮漆情况。当看到刮漆不是很严重时，他立即联系了保险公司。小郭告诉刘先生，如果保险公司不理赔，他们公司会负责到底，这让刘先生很感动。

很快，保险公司的人来了，行动倒是很利索，不容商量就把刘先生的车拖到了一家汽修厂。"当时看着这家汽修厂的厂房挺大、设备齐全，人也热情，还挂着'一类汽车维修企业'的牌子呢，所以就放心地把车交给了这家汽修厂"。谁知当刘先生去取车的时候，发现车漆虽然喷好了却根本没法看，因为新喷的地方和原车比起来很明显是两种红。但是汽修厂的人反复说"我们是一级企业，技术上没问题的，喷漆的效果都这样，你去哪儿喷都不可能做到完全一样的"，得到这样的答复刘先生既生气又失望。

刘先生又把车送回小郭公司重新做了喷漆。当他取车时，刘先生一脸兴奋地说："车子根本看不出来哪受过伤，跟新的一样。"从此以后，刘先生需要对车进行保养或修理的时候只要一个电话告诉小郭，小郭就会联系公司的保养或维修人员专门负责。

争取到新客户的是销售部，但是能够真正留住老客户的是售后服务。做好售后服务看似简单，其实不易。若想真正赢得客户的信任和好感，远不是提几句华丽的口号就能够解决的。

失败的销售员常常是从寻找新客户以取代老客户的角度来考虑问题的，成功的销售员则是从保持现有客户并且扩充新客户，使客户越来越多、销售业绩越来越好的角度来考虑问题的。

开发新客户固然重要，但巩固老客户也必不可少。那么，如何才能做到巩固老客户呢？

1. 保持与老客户的定期联系

销售员必须定期拜访老客户，并清楚地认识到：得到老客户重复购买的最好办法是与老客户保持接触。

2. 更多优惠措施

给予老客户更多的优惠措施，如数量折扣、赠品、更长期的赊销等，而且经常和老客户沟通交流，保持良好融洽的关系。

3. 经常进行老客户满意度的调查

一些研究表明，客户每四次购买中会有一次不满意，而只有5%的不满意客户会抱怨，大多数客户会少买或转向其他企业。所以，销售员应通过定期调查直接测定客户满意状况。了解了客户的不满意所在才能更好地改进，赢得客户满意，防止老客户的流失。

4. 特殊老客户特殊对待

美国《哈佛商业评论》发表的一篇研究报告指出：多次光顾的老客户比初次登门的人可为企业多带来20%~85%的利润。所以销售员要根据客户本身的价值和利润率来细分客户，并密切关注高价值的客户，保证他们可以获得应得的特殊服务和待遇，使他们成为企业的忠诚老客户。

销售员应该记住这样一句话：永远不要忘记老客户，也永远不要被老客户忘记。有了新客户只是锦上添花，因为没有老客户做稳固的基础，向新客户推销只是对所失去的老客户的抵补，总的销售量并不会增加。

销售达人如是说

失去一个客户，就失去一些利润。如果你不能持续不断地关心你的客户，你的客户就会渐渐离你而去。留住客户的唯一方法就是经常关心客户，使之成为你忠实的老客户。

> ● 引言
>
> 　　售后服务的目的是要令客户满意，最终成为我们的忠诚客户，因此一切销售工作都要以"用户满意"为中心，要时时站在客户的角度，以客户的实际需求为出发点。

售后服务就是要满足客户的需求，让客户满意

　　"获取订单是最容易的一步，销售的关键是产品卖给客户之后。"销售员在完成一笔交易后并不等于和客户之间的关系就此结束了，销售是一个持续不断的过程，售后服务是最后的重要环节。要想做好售后服务工作，关键就是要满足客户的需求，让消费者满意。

　　在现实生活中，客户的满意程度通常分为三种情况：第一种是需求没有得到满足，客户对服务不满意；第二种是没有不满意，也没有十分满意；第三种就是满意。如果售后服务超出了客户的预期，客户的反应就是满意、心存感激。继而会为产品和品牌说好话、做宣传，产生我们所说的口碑效应。第三种情况应该是我们努力的目标，也是售后服务的宗旨。让客户满意可以说是售后服务的最高标准和最高境界。

　　做好售后服务，关键是要做好自己分内的工作，提供超出客户预期的超值服务。比如我们承诺接到维修电话的24小时内上门服务，实际上基本做到不超6小时就有人上门，这就是超过预期。每次都是如此，并且能提供非常专

业技术的服务，这时客户就会很满意。售后服务人员一旦把"让客户满意"作为自己的追求来对待，就会从内心里热爱服务工作，把整个服务过程做得更好、更有效果，提供更加人性化的服务。

胡先生在某电商网购了一台冰箱。其后该机出现质量问题，公司上门两次进行维修仍未修复，销售人员答应为胡先生更换一台同品牌同型号的冰箱。

当天，这家公司的销售人员在胡先生家楼下拆开了冰箱外包装，并抬上楼交给他的家人，但未收回第一台冰箱的三包凭证、说明书等资料，同时也未将第二台冰箱的三包凭证等资料留下。双方没有办理必要的交接手续，这家公司的工作人员就带着第一台冰箱离开了。

胡先生下班回家后发现第二台冰箱内部有污渍、霉斑等，认定这是使用过的冰箱，就和销售人员交涉。销售员把责任又推回客服，客服却说责任在营销。胡先生无奈诉至法院，要求退款。最后，这家公司双倍赔偿胡先生的损失。

在上面的案例中，电商网的销售员没有做到售后应尽的义务，更谈不上让顾客满意了。在实际销售过程中，有些销售员肯定都会说自己的产品质量过硬、服务周到，可是在产品售出以后出现问题时就会你推我、我推你，或者最后干脆推给客服，因此在关键时候往往没有一个人出面来解决问题。这种情形不仅会使销售员没有信誉，更会毁了整个产品及企业的信誉。

因此，提高销售业绩光靠销售技巧是无法取胜的。优秀的销售员只有给客户提供完美的售后服务，赢得客户的好评，才能把业绩提高。

两年前，孙先生在某小区买了栋别墅，虽说别墅不错，可毕竟是一大笔钱，以至于付款后总有一种买贵了的感觉。当全家人搬进新居三个星期之后，给他介绍别墅的销售员打来电话说要来拜访，孙先生不禁有些奇怪。

这天早上，销售员果然来了。一进屋就祝贺孙先生选择了一栋好别墅，之后他和孙先生聊起天来，给孙先生讲了许多当地的小典故。他带着孙先生围着别墅转了几圈，把其他别墅指给孙先生看，说明孙先生的别墅多么与众不同，还告诉孙先生附近有几个住户是很有名气的名人，这番话让孙先生疑虑顿消。这位销售员回访时表现出的热情甚至超过了介绍别墅时的热情。

销售员的热情造访让孙先生大受感动，一颗不安的心也平静了下来。孙先生确信自己买对了别墅，感到很开心。从此两个人也成了朋友。

这位销售员用了整整一个上午的时间来拜访孙先生，却没有利用这段时间去寻觅新的客户。他这么做吃亏了吗？不，一周之后，孙先生的一位朋友对孙先生别墅旁边的一栋别墅产生了兴趣，孙先生便介绍他去找那位销售员。最后，这位朋友虽然没有买那栋别墅，但是在那位销售员的介绍下买了别处一栋更好的别墅。

完美的售后服务是一种超出客户期望的服务，并不是等客户有疑虑了、提出要求了才去给予解决，而是自成交之时就积极地展开，因为那表示你站在客户的立场，设身处地地为客户着想，竭尽全力为客户服务，希望使每个前来购买的客户都成为满意的客户。

如今，售后服务不只是一杯茶或一个问候，更体现在售后服务流程中的每一个环节，同时应该在售后服务实施的过程中追求精益求精，通过实施不断改善，让客户的满意度不断提高。

那么，怎样才能做到使客户满意呢？销售人员可以从以下几方面着手，提高售后服务的质量。

1. 做好售后服务人员的培训

要把售后服务做到让客户满意，首先应抓好培训工作，加强对售后服务人员的培训，包括专业知识、服务态度、服务用语、服务规范等各方面的培训。良好的培训能使售后服务从业人员具有专业的产品知识、积极的服务态度和认真敬业的服务精神，进而在工作中给客户提供越来越好的服务，赢得客户的认可。

2. 重视团队精神的培养

个人的力量是弱小的，每个售后服务人员对外都代表了品牌和公司的形象，售后服务各部门之间、领导和下属之间只有做到经常沟通、互相协调，才能把售后服务工作做到更好，才能让客户更满意。

3. 一切从顾客利益出发

沟通并不是售后服务人员简单地说出自己的想法，而是要详细了解客户的想法和需求，站在对方的立场和利益想问题。一个好的售后服务人员不仅要了解自己所扮演的角色，还要清楚客户的期待是什么。做好了与客户的积极沟通，并帮他解决了实际问题，他自然就很乐意接受你的意见。

4. 提供超出客户预期或者超值的服务

在售后服务工作中，经常提供超出客户预期或超值的服务是赢得客户满意的最好途径。令客户满意的服务能让客户帮你推介产品并为企业和品牌做免费宣传。口碑效应所产生的销售是非常有效的，成交率和客户忠诚度都比较高，这也就是现在所说的"服务营销"的道理。

销售达人如是说

未来市场的竞争将是客户满意度的竞争，谁获得了客户的青睐，谁就能够获得持久的市场份额，谁就能够立于市场的不败之地。我们应该认真对待，做好每一个客户的售后工作和维系工作，逐步培养一批自己的忠实客户群体。

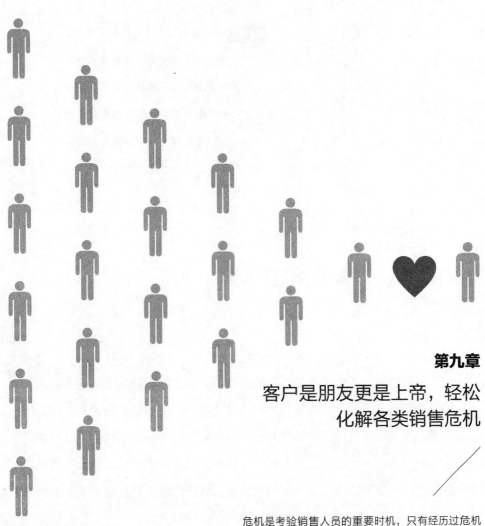

第九章

客户是朋友更是上帝，轻松
化解各类销售危机

危机是考验销售人员的重要时机，只有经历过危机
的销售人员才能在未来的道路上走得更远。因此，
销售人员不能被危机压垮，而要把危机当成锻炼自
己、提升抗压能力、磨炼意志的重要机会。

● 引言

> 客户无来由的拒绝、情绪化的怨气、无理的指责都是基于感性的条件反射。因此，我们不能以完全理性的态度和方式来对待它，而是要理性分析和思考，发现其感性的根源，然后予以解决。

学会化解和处理客户的负面情绪

在销售过程中，销售员难免会遇到带有负面情绪的客户。遇到这种客户时，销售人员要学会去化解客户的这种负面情绪，以便更好地做销售工作，当客户表示不满时，请务必首先做好"听取不满"的准备，抓住这个时机尽量消除他的不满、不快，使其态度转变为满意。当客户讲话时，他会不自觉地向你发出一些报警信号，能否敏锐地捕捉住这些信号至关重要。请仔细听取，别打断他（她）的话，听取他（她）要向你讲的一切。

在消除客户不满时，第一步就是要学会倾听，即聆听客户的不满，聆听客户不满时须遵循多听少说的原则。销售员一定要冷静地让客户把他心里想发的牢骚都发完，同时用"是""的确如此"等词语及点头的方式表示同情，并尽量去了解其中的缘由，这样一来就不会发生冲突，更不会吵架。

在做销售的过程中，销售人员要了解客户的负面情绪。只有了解了客户的负面情绪，才能找到引导客户的突破口，才有成功达成交易的可能。

销售办公设备的牛先生经过努力终于见到了客户："您好，您今天的气色看上去很不错，有什么高兴的事吗？"

客户："气色不错？今天碰到了一大堆和我过不去的事情，还能气色不错？"

牛先生："噢，真对不起。我听说贵公司准备采购一批办公桌椅，不知道您是否愿意了解一下我们公司最新研发的产品？"

客户："办公桌椅？你是哪家公司派来的？"

牛先生："我是××办公设备制造有限公司的销售员，我们公司最近研发一款办公桌椅，特别适合贵公司对产品的要求。不知贵公司具体要求如何？"

客户："我们公司是有这个方面的意向，但具体如何采购我不能向你透露太多信息。"

牛先生："这个我知道，我这里倒有一些信息可以和您共享……您觉得各种产品的特点如何？"

客户："我没有时间一一评价这些东西。"

牛先生："那您就挑最感兴趣的说一说吧。"

……

聊到最后，客户表示，一些事情可以随后具体详谈。

从上面的例子可以看到，牛先生的客户始终具有较强的逆反心理，对销售员一副拒人于千里之外的架势。对于客户的这种负面心理，销售员必须掌握相应的沟通技巧，如避免在介绍或提问时设置谈话的界限、让客户自己来表达自己的意见、帮助客户平静情绪、避免正面交锋等。只有消除客户的负面情绪，才能让沟通得以延续。

那么，销售人员该如何化解客户的负面情绪？下面介绍了几种化解客户负面情绪的方法，可供参考。

1. 耐心倾听

在心里接受和理解客户不当言行的同时，还应认真地倾听，用客观冷静的语气引导客户说出心中的怨气。只有掌握了客户产生不良情绪的原因，我们才能思考和分析当前的状况。

2. 换位思考

不妨站在客户的角度上思考，理解客户的难处，从表面的消极言行中挖掘出积极的善意，体会客户的善良本意。如果仅凭自己的猜测去推断对方的意图，往往轻则有偏、重则相反，甚至辨不清敌我。

3. 主动迎合

当客户愿意当面指出你的不足时，说明他还抱有进一步合作的愿望。你与客户存在认识上的差异只能说明你们的沟通才刚刚开始，彼此需要建立沟通的方式和渠道以及建立信任的基础。主动迎合正是为了让客户对你产生亲切感，愿意和你沟通。

4. 巧妙应对

当客户对销售员感到强烈的不满时便会产生一种排斥的心理，假如此时销售员继续按照自己主观的想法向客户解释，客户的不满与愤怒就会加剧。所以在此情况下最好的方法是请该销售员暂时回避，另请一位销售员去协调。

5. 说出真实感受

客户会因为你的理解而平息大部分怨气。当你真诚地说出自己内心的感受、坦言自己的难处和苦衷时，相信此时客户也能换位思考其主张和异议是否合适，其情绪化的举动也就告一段落。

6. 诚意道歉

销售员道歉时要有诚意，不能口是心非、皮笑肉不笑，或只是一味任由客户发泄，自己站在一旁傻笑，这会让客户感到你在愚弄他。销售员在处理客户的抱怨时应该是发自内心的，不论客户的抱怨合不合理都应该向客户表示真诚的歉意。

销售达人如是说

俗话说："伸手不打笑脸人。"在处理客户负面情绪的过程中，销售员的礼貌热情会降低客户的抵触情绪；销售员的态度谦和友好会使客户平抑心绪。销售员要把客户的抱怨看成有价值的信息，要真心诚意地感谢客户提出的问题与意见，让客户感受到我们是真正在聆听客户的抱怨。

● 引言

很多销售员最担心的就是客户找借口
拒绝，所以有时甚至会设法阻止客户找借
口拒绝。其实，你不让客户找借口拒绝，
你怎么想办法解决他提出问题呢？

应对借口，把拒绝变成销售的机会

在销售中，客户其实经常向前来销售产品的销售员表示拒绝，有时候他们甚至可以用一个千篇一律的借口打退所有的销售员。客户提出的许多借口可能并不是他们拒绝你的真正原因，对于这一点销售人员必须时刻谨记。

研究表明，虽然客户有千万个借口对销售人员的推荐做出拒绝的反应，但是根源往往归结为习惯。就是说客户对现状并不满意，但对新事物、新方法又有某种自然的抵触情绪，由于对新事物并不了解或者不能把握新事物所带来的积极变化，因此宁可采用现在已经非常熟悉的方式来维持现状。所以，在销售洽谈的过程中，销售人员必须弄清楚客户找借口的真正原因是什么，然后根据这些原因解开客户的心结，实现销售目标。

在实际销售中，客户总是找出种种借口拒绝销售员，这让有些销售员感到无所适从。但是，优秀的销售员总能想到办法化解这些借口。

案例1：

某商场一个化妆品专柜有一位四五十岁的女导购员，她的每月业绩在整个商场都遥遥领先。顾客在购买时总会有许多借口，她都有办法一一化解。如有些顾客看中产品心动却又觉得花几百元钱买太贵时，她都有化解的办法，能有效打消顾客的疑虑。

"妹妹，别傻了，几百元，我们女人能够年轻好几岁。我们女人就知道节俭持家、就知道受苦，就你花这几百元，还不够男人们点几个菜、买几条烟的呢。抽烟对身体那么不好，男人都舍得，化妆品对我们来说是必不可少的，这几个钱是最应当花的。"

"再说男人谁不希望自己的老婆漂亮年轻，带出去有面子啊！你这样不注意保养自己，就变成黄脸婆了。你这是在给别的女人留空子啊，不小心让坏女人把自己的家庭给毁了，后悔也来不及了。还不如把自己打扮得漂亮些，把老公留住，让家庭幸福美满。这几个钱又算得了什么啊！"

此言一出，无人争辩，女顾客立即自掏腰包。

案例2：

一位女顾客来到百货大楼家电部，想选购一台冰箱。导购员向顾客介绍产品："大姐，我建议你买这台××集团新推出的款式。它不但外形美观漂亮、功能齐全，最重要的是挚诚的售后服务让你永远满意。"

"可是它有些大，放在家里太占地方了。"顾客指出它的缺点。

导购员笑了："大姐，其实它比一般冰箱大不了多少，宽度只比普通冰箱多几厘米，高度又不占地方。另外，大冰箱装的东西自然多呀！你甚至可以把你先生和孩子的家居服放进去，让他们度过一个凉爽的夏天。你想，每天当你先生从烈日炎炎的室外回到家里时，你给他送上一块冷毛巾和凉爽的家居服，他该多惬意呀！"听到这里，女顾客毫不犹豫地买下了那台冰箱。

在销售中，客户会有很多种借口来拒绝销售人员，在遭受拒绝的时候，销售人员一定要想方设法寻找客户找借口的真相。在客户提出借口的时候，销售人员第一个反应应当是怎样通过提问了解客户拒绝的原因。当然，没有一个客户会告诉你真正的原因是什么，但是销售人员可以通过客户回答问题的侧面了解到真正的原因，比如客户说"你的这个方案不适合我们公司的情况"，销售人员可以紧接着问："您可以告诉我这个方案的哪些部分不适合你们公司吗？"销售人员提出的问题越多，客户回答得就会越多。许多时候，在不知不觉中你便化解了客户的借口。

在上述案例中，两位导购员遭遇顾客的借口时都巧妙地运用沟通技巧加以化解，成功地实现了销售的目的。因此，销售员应懂得有借口不可怕，重要的是应如何应对借口，把拒绝变成销售的机会。

1. 拒绝是种常态：坦然接受这一事实

销售从拒绝开始！只要从事销售行业，每个销售人员都会遭遇客户的拒绝。拒绝是销售过程中普遍存在的事实，对销售人员来讲，必须坦然接受，并积极面对。既然事实不可改变，我们只能改变态度！改变对"拒绝"的态度就可以获得成功的机会。

2. 以积极的心态看待客户的拒绝

在与销售人员沟通的过程中，客户提出的拒绝方式有很多种，种种拒绝方式背后其实隐藏着各种各样的原因。面对形式各异的拒绝方式，销售人员需要了解客户不愿意购买的真正原因，然后才可能找出最适宜的解决方法，这是促成交易的关键。由此可见，销售人员不应该对客户的拒绝感到恐惧或排斥，而应该持以欢迎和支持的态度。

3. 端正态度，表现出自己最大的真诚

遭到拒绝后而应销售人员不要急于反驳，保持内心的平静，表现出最大的真诚去感化对方，而且无论是客户出于什么心理，都必须去表现这种态度。这往往是改变客户态度的重要条件。

4. 把握主动，看透拒绝背后的内容

对销售人员来讲，绝对不能被动地受拒绝理由的支配，而要化被动为主动，把客户的这些拒绝理由转化为购买意愿。这就需要销售人员准确地把握客户当时的心理，明确客户在拒绝时怀着什么样的心态、动机是什么、想要达到什么目的。只有明确了这些，我们才能进一步掌握谈话的主动权，让客户的思维跟着自己的节奏进行。

5. 对方真的拒绝就别死缠：学会多听多看

每个客户都有自己的立场，有自己的想法。销售员应掌握客户内心的真正想法，分清客户是真拒绝还是假拒绝。必须多听、多观察，通过客户的言行来搜集更多的信息，并通过独立的思考对这些信息加以鉴别，才能得出正确结论。

销售达人如是说

当客户说出拒绝理由时，销售人员非但不要阻止，还应时刻保持理智，绝对不要轻易地卷入客户的主观情绪当中，也不要被客户的表面借口蒙蔽，此时需要用心智和真诚来说服客户。面对客户的防范和质疑，销售人员要用令人放松的气氛和值得信赖的证据来化解。

● 引言

　　在销售过程中，客户总总有这样那样的疑虑，因而购买产品时犹豫不决。遇到这种类型的客户，如果销售人员能给客户吃一颗定心丸，那么一切沟通都会变得简单起来。

消除客户的疑虑，让客户放心

　　在销售过程中，客户总有这样那样的疑虑，因而购买产品时犹豫不决。一般来说，客户的疑虑主要集中在质量、售后服务、交付能力等几个方面，了解了这些方面，销售员在推销时就可以做到游刃有余。例如对于大额的销售项目可以提供分期付款服务；对某项技术有疑虑的可以请专家讲解，也可以请专业机构进行鉴定，等等。

　　作为一名销售员，在与客户洽谈时，如果客户出现犹犹豫豫的情况，你就应该进行自我反思，想想自己是不是在向客户介绍产品的时候出现了问题、向客户介绍得是不是很清楚。销售员必须清楚客户的疑虑所在，然后根据客户的疑虑具体问题具体分析，从根本上消除客户的疑虑，让客户放心。

　　下面是销售员与客户之间的一段对话，来看看这个销售员是怎么做到消除客户的疑虑的。

　　销售员："胡总您好，我是企业培训公司的业务员小王，我能帮您做点什么吗？"

客户："像你们这样的公司太多了，我一天是不是都不用干活了，把时间都用来接待你们这样的人？"

销售员："是的，您说得很对，现在的培训公司确实很多，这一点我不否认。"

客户："行行，别说别的，你说你们的优势在哪里？"

销售员："我们公司是1990年成立的，它具有26年的企业培训历程，我们的优势就是资源。"

客户："你们公司的讲师结构是怎么样的？"

销售员："我们的讲师都是具有一定专业知识的，他们有一部分是签约的讲师，另一部分是我们自己的讲师。"

客户："比如员工专业培训这一块，我们有自己固定的培训师，就凭你提供的一些资料，我们是很难了解你公司的实力的。"

销售员："对，您说得没错，第一，培训市场确实是鱼龙混杂，单凭我在电话里跟您说您会觉得我是在自吹自擂，所以之后我会把我们公司服务的企业资料发给您看，包括这些企业的电话、课程以及培训结果等，看了之后您就清楚了；第二，您还可以把一些比较偏的课程，例如您觉得难以整合的课程交给我，这正是考察我们公司实力的机会；第三，只要您给我一个证明的机会，不管能否合作成功我们都会认认真真地把您的培训课程做好、把讲师配备好……我只希望我们给您所提供的课程能为您的公司带来实际的效果，这也是我最大的期望。"

客户："那行，我觉得你说得挺实在，但是我还是要先对你们公司的实力进行考察。"

销售员："那是当然，我们热烈欢迎，稍后我会马上给您发有关的资料，今天与您沟通得很愉快，同时感谢您在百忙之中抽出时间，谢谢您！"

如今，各个行业之间的竞争都非常激烈，客户可能每天都会接到很多个推销电话，这让他们对电话推销这种行为极为反感。如何才能让客户在心理不反感你，继续听你的电话呢？一般来说，当销售员介绍产品时，每一个客户都会对产品心存疑虑。他们担心的问题可能是客观存在的，也可能是客户的心理作用导致的。无论是出于什么原因，销售员在处理客户的疑虑时，都必须认真对待，采取主动询问的方式及时发现客户的疑虑，并请客户讲出来。

尽管客户疑虑重重，很难购买产品，但是，如果销售员能给客户一颗定心丸，那么一切都会变得简单起来。帮助客户消除疑虑，会给你带来更多的销售额。因此，碰到客户对产品产生疑虑时，销售人员可以采用以下策略和措施来消除他们的疑虑：

1. 靠良好的外在形象赢得客户的信任

销售员在与客户见面时要注重个人的衣着打扮，树立良好的外在形象，比如发型、胡子、衣着、皮鞋等要保持干净清爽，给客户留下美好的印象。个人的外在形象是赢得客户信任感的最直接有效的手段，它能够带给我们意想不到的效果。

2. 凭借专业能力让客户放心

为了让客户有安全感，销售员必须加强自身的业务能力，使自己变得更专业。因此，销售员应熟练掌握产品专业知识，对产品了解得越深、对行业理解得越透彻，信誉度和能力也就越高，客户才能放心地从你手中购买产品。所以，要做到让客户有安全感，就必须保证客户不会对我们的能力产生怀疑。

3. 坦诚告知客户产品可能存在的风险

有的产品本身确实存在一定的风险，所以，销售员一定要跟客户说明这些风险，切实保证客户的安全。坦诚告知客户关于产品的一切：不仅是优点，还包括可能出现的问题。

4. 与顾客签订保证书

销售员可以为客户提供一份可靠的承诺书或者保证书，从而转移客户的风险，使他们不必担心产品出现问题没办法解决。强有力的保证书是客户的定心丸，它有助于我们与客户轻松签单。

销售达人如是说

客户担心的问题可能是客观存在的，也有可能是心理作用导致的。无论是出于什么原因，销售人员在处理客户的疑虑时都必须认真对待，采取主动询问的方式及时发现客户的疑虑，并请客户讲出这些顾虑。

● 引言

作为一名销售员，有时你也许会遇到这样的情况：有的客户在买产品时候很爽快，但是拿到了产品后却拒绝付款或拖延付款时间。如果遇到这样的客户时，你应该怎么做？如何追讨欠款又不伤和气呢？

客户欠款，如何追款不闹僵

"讨债难"在销售界已属司空见惯的现象，人们对此已见怪不怪。销售员经常会碰到一种情况：客户欠了货款，由于种种原因到了合同约定的付款期限没有付清。销售员多次上门催要，但客户仍不偿还。

销售员款项收不回来，到头来呆账、坏账一大堆，轻则使企业经营状况一蹶不振，元气大伤；重则债务缠身，破产关门。销售员与客户由合作之初的礼让有加变成后来的刀棍相见，由原来的座上宾沦为相逢不相认的情况在营销活动中可谓屡见不鲜。原因归根到底只有一句话：货销出去了，款却没收回来。

拖欠账款是一种违背诚信的行为，尽管如此，销售行业中仍时有发生拖欠账款的情况。各种双边债、三角债、多边债泛滥成灾，经常给企业带来沉重的包袱。成功地收回账款，防止企业被拖入债务纠葛的泥潭，是销售员的重要职责之一。销售员要想把欠款成功要回来，就必须具备一定的素质和使用一些技巧。

在讨债技巧上，销售员可以利用对方的"短处"进行要挟。比如，对方可能有走私贩私、偷税漏税、坑蒙拐骗、贪污盗窃、行贿受贿、谋财害命等违法犯罪行为，也可能有非法得利、弄虚作假等需要承担民事责任的行为以及个人隐私或其他一些对自己不利的行为或事实。销售员可以找出对方不可告人的"短"，要求其履行债务。

向客户讨债是每个销售员都不愿意看到的事情，他们都希望客户能遵守合同约定，按期按时付款。但是，在实际销售中这可能是一厢情愿，一些诚信的客户能遵守此约定，而一些难缠的客户却不会，此时销售员只能走上讨债之路。

在讨债过程中，学会一些讨债技巧可以达到事半功倍的效果。

1. 调整心态，坚定催款信心

催欠难是公认的不争的事实。因为难，不少销售员见了客户就一副讨好的样子，乞求对方的理解、支持。认为催收太紧会使对方不愉快，影响以后的关系。如果这样认为，你不仅永远收不到欠款，而且也保不住以后的合作。客户所欠货款越多、支付越困难，越容易转向别的公司进货，你就越不能稳住这一客户，所以加紧催收才是上策。

2. 事前催收

对于支付货款不干脆的客户，如果只是在约定的收款日期才前往，一般情况下都收不到货款，所以必须在事前就催收。

事前上门催收时，销售员要确认对方所欠金额，并告诉他下次收款日一定准时前来，请他事先准备好这些款项。这样做一定比收款日当天来催讨要有效得多。

3. 把握好收款时间

到了合同规定的收款日，上门的时间一定要提早，这是收款的诀窍。否则欠款客户有时会反咬一口，说我等了好久，但你没来，那我要去做其他更要紧的事了。

4. 了解他的财务状况

如果经过多次催讨对方还是拖拖拉拉不肯还款，一定要表现出相当的"缠"功，在发现对方手头有现金时或对方账户上刚好进一笔款项时，就即刻赶去。

5. 以物品抵债

有时客户在市场上因竞争不力、经营不善，导致产品积压、资金周转困难，他会要求以商品或货物来抵债，这也是一个办法。不要因为觉得不值得而拒绝，因为对于的确无力付款的客户，往往稍一延迟他连物品也没有了。

6. 寻找第三者担保

可以要求你的客户在与你发生货款往来之前寻找第三者（或上级单位）担保，最好其担保书能伴以相应的公证手续。这样做至少万一未来发生货款纠纷时，你还能找到一位相应的相关债权人，对客户本身来说也是一种约束行为。

7. 时刻关注客户的一切异常情况

当客户有异常举动时，比如客户欲把店转让给他人或是合伙人散伙转为某人单干，还有法人代表易人、经营转向、场地迁拆、店铺搬家或企业破产等。有这些动向时得马上采取措施，杜绝呆账、死账。千万要让即将离任的法人代表办理还款，一般情况下，只要我们态度坚决，他也会做个顺水推舟的人情，离任前把账结清。

销售达人如是说

收到欠款后要做到有礼有节。如果只收到一部分货款，对方的确没钱，也要放他一马；如客户的确发生了天灾人祸，在理解客户难处的同时也让客户理解自己的难处，在诉说时要神情严肃，动之以情。

● 引言

　　销售员最不愿遇到的就是被客户投诉。其实，如果能够以冷静的心态去看待投诉，并积极学习和总结处理投诉的技巧和经验，就不难发现客户投诉对实际工作有很大的促进和鞭策作用。

面对客户投诉不玩"躲猫猫"，及时"灭火"是正道

　　客户投诉是售后服务的一大话题，也是令许多销售员头疼的难题。投诉对销售员来讲是"坏事"，更是好事；是难题，更是机会，因为客户的投诉会促使销售员为客户更好地服务。正如松下幸之助所说："人人都喜欢听赞美的话，可客户光说好听的话、一味地纵容，会使我们懈怠。没有挑剔的客户，哪有精良的产品？面对客户的投诉，我们要虚心求教，这样公司才会更快地进步。"

　　在接待客户的投诉时，无论投诉是否合理，销售人员都必须以理性思维的方式耐心倾听、询问。在受理了客户的有效投诉之后，销售人员应迅速地将投诉信息进行归类，分清应该由哪个具体部门负责解决，并将信息反馈给部门负责人。

　　凡事都要有个来龙去脉，有头有尾，所以把问题反映给具体部门后绝对不能就这样置之不理，而应该时刻关注问题的处理情况，并及时通过电话对客户进行回复，了解对投诉的处理结果以及满意度。应该注意的是，对客户

的投诉处理进行回访时我们必须做到一对一回访，决不能顾此失彼。

值得一提的是，对待客户的投诉切忌躲、拖、哄、吓，"躲"躲不住，"拖"拖不掉，"哄"哄不好，"吓"吓不跑，只有认真负责、及时处理才能让客户满意，真正解决客户的投诉问题。

请看一则客户投诉情景案例：

销售员："秦小姐，很高兴再次和您见面，我记得您上周在我这里买下了一件漂亮的裙子，不知道您今天想选购些什么？"

客户："我不是来买东西的。上周在你这里买的那条裙子太容易脏了，刚穿了两天就脏了，我想退货。"

错误应对的说法：

（1）销售员："这不是质量问题，所以我们是不给退货的。"

（2）销售员："这个颜色是您自己选的，当时您还特别喜欢，现在您又不喜欢了，这个是您的个人原因，退不了货。"

（3）销售员："您买的时候不是很喜欢吗？这个我们也没办法，给您退货不可能。"

面对这种情况，有的销售员会言辞激烈、态度急躁，或是简单机械地解释了事。但是，这常会给客户留下竭力推卸责任的印象，自然难以得到客户的认同。对于退货要求，有经验的销售员总能应付自如，因为他们有一套正确的解决方法。

正确应对的说法：

（1）销售员："真是对不起，因为这件事让您在这么热的天气跑来跑去很辛苦。我明白您的意思，不过，现在像您这样的年轻女孩都喜欢穿白色裙子，一来好搭配衣服，二来在夏天里显得干净清爽，您第一眼就选中了它，我也觉得很适合您。其实它的清洗很简单，它的材质和做工非常精细，可以手洗或者机洗都可以……"

（2）客户如果因对颜色不满意坚持退货："上周我从你这里买的裙子颜色太奇怪了，回去搭配哪件衣服都觉得不合适，你还是给我退了吧。"

销售员："秦小姐，这种裙子的颜色是今年的流行色，非常漂亮，又充满活力，其实您只要掌握正确的色彩搭配法则，完全不用有这个担心，我们这里有一个色彩搭配图册，我来帮您搭配一些适合的颜色……"

（3）客户如果因对款式不满意坚持退货："上周买下这款裙子之后，我突然发现身边有不少人都穿着相同款式的裙子，款式太普通了。这裙子我还没有穿过，标签还在上面，能不能给我退货啊。"

销售员："是这样，其实我们的产品卖出后一般都是不退不换的。不过您既然没有用过，我们可以考虑给您换货，我们最近又到了一批新款裙子，样式非常漂亮，您可以在这些裙子中选一款您更喜欢的。"

要成功地处理客户投诉，先要找到最合适的方式与客户进行交流。很多销售员都会有这样的感受：客户在投诉时会表现出情绪激动、愤怒，甚至对销售人员破口大骂。此时，销售员要明白，这实际上是一种发泄，当把自己的怨气、不满发泄出来时，客户忧郁或不快的心情便能得到释放和缓解，从而维持了心理平衡。此时，客户最希望得到的是同情、尊重和重视，因此销售员首先应立即向其表示道歉，并采取相应的补偿措施。

那么，面对客户的投诉时，销售员该如何处理呢？

1. 耐心倾听

在实际处理中，销售员要耐心地倾听客户的抱怨，不要轻易打断客户的叙述，也不要批评客户的不足，而是鼓励客户倾诉下去，让他们尽情发泄心中的不满。当销售员耐心地听完了客户的倾诉与抱怨后，客户得到了发泄的满足之后，就能够比较自然地听得进服务人员的解释和道歉了。

2. 语言得体

在解释问题过程中，销售员说话应注意措辞，要合情合理、得体大方，不要一开口就说伤人自尊的语言，尽量用婉转的语言与客户沟通，即使是客户要求存在不合理的地方，语言上也不要过于冲动。

3. 态度友好

客户抱怨或投诉就说明客户对企业的产品及服务不满意，从心理上来说，他们会觉得企业亏待了他，因此，如果销售员在处理客户投诉过程中态度不友好，就会让他们情绪很差，从而恶化与客户之间的关系。反之，若服务人员态度诚恳、礼貌热情，就会降低客户的抵触情绪。

4. 处理迅速

处理投诉和抱怨的动作要快，一般接到客户投诉或抱怨的信息，销售员应立即以客户电话或传真等方式了解具体内容，然后在企业内部协商好处理方案，最好当天给客户答复。

任何企业都不能保证他们的产品和服务永远不出问题，因此客户的抱怨和投诉也就不可避免。一名成功的销售员面对客户的投诉时应从容不迫，巧妙地运用各种技巧将危机一一化解，使客户盛怒而来，满意而归。

销售达人如是说

客户投诉无论理由是否充分都不影响其积极作用的发挥，正所谓"有则改之，无则加勉"。销售人员真诚地对待客户，多为客户着想，经常进行换位思考，在实际工作中认真分析投诉原因，积极处理客户的投诉，就能让为客户服务的理念深入人心。

引言

　　与客户的讨价还价其实是一种说服的艺术。销售员应突出产品的所有优势，让客户由衷地产生一种"仅此一家，别无他店""花这种钱值得"的感觉，否则结果将是说而不服。

巧妙应对讨价还价的客户

　　从集贸市场几毛钱的小菜生意到工商企业间上百万甚至上亿的巨额交易，买卖双方总难免为成交价格纠缠不休……讨价还价在市场上似乎无处不在，无时不有。

　　销售员通过销售前的准备到寻找客户，到拜访客户，这个阶段涉及的关键问题就是价格。许多销售员由于不会讨价还价要么丢了订单，要么单虽然做成了但是已经没有了利润，只好自己安慰自己，权当交了朋友。

　　因此，客户的讨价还价成了销售员的一大心理障碍。怎样让客户心甘情愿掏腰包并且自己还有利润可赚，是每一个销售员必须考虑的问题。

　　对于销售员来说，议价的语言艺术就是说服客户认识到商品价值、接受商品价格的语言表达技巧。议价的过程体现了销售员的智慧和娴熟地驾驭语言工具的技能。

　　说服客户接受商品的价格，必须以理服人，以利益诱人，使客户转变对商品价格的看法。根据客户产生价格异议的不同原因，可以分别采取不同的说服方式。

1. 当客户抱怨商品"太贵"时

这时，销售者可以用价格分解的办法说服客户。可将商品价格与使用寿命结合，从而缩小每次使用商品的费用。

例如：

"这只吹风机五十元，可它最少能用十年，若是您每周用一次，平均每次吹发才一毛钱，一毛钱连乘一次车都不够，可它能让你又舒适又漂亮。"

2. 当客户把商品与其他商店所卖的同类商品进行比较时

在这种情况下，销售员应大力宣扬在此处购物的种种好处，让客户花钱花得心甘情愿。

例如：

"我们店库存量大，可以随时提供给顾客现货，但这会占压资金，增加库存费。我们商店售出的彩电如果在一个月内你觉得不满意，可以包您退换，可以让您买到最满意、最放心的彩电。您一生能买几回彩电呢？"

这样一说，客户尽管会多花一些钱，但仍然满意地将彩电买走。销售员用其他商店不具备的优点如购买的便利、安全保障、优质服务等方面，将价高的影响抵消，让客户多花钱也心甘情愿。这种情况下，销售员所推销的不仅是商品本身，而是与商品有关的一切。

3. 当客户把商品的价格与同类商品的替代品进行比较时

这时，销售员应设法让客户看到不同类商品间的差别，并要证明这种差别的后果是不同的，从而使客户将价格放在商品用途利益之后考虑。

例如：

"这种复印机虽然比那种价格要高近一倍，但它的开关可是感应式的，不再是按钮开头，也就不容易损坏失灵，这个部位又是最爱出毛病的，如果经常出故障，一次修理费就得上百元，外加误工造成的损失，每天不下300元，一次耽误您两天就等于让您损失600元，十次就损失6000元。您看买台价钱虽便宜但总爱坏的合算呢，还是买台价格虽高点但不耽误您工作的合算呢？"

经过这样比较不同商品之间的差别，使客户接受商品优质优价的观念，即使价高也是值得的。

再比如：

一位顾客翻看着一本书，爱不释手，拿起来又放下，引起了售货员的注意，于是售货员说："这本书很有趣，还不到十块钱，您从中能学到不少知识和经验，对您以后的学习工作都有帮助，再说，书不同于其他东西，看完了就再也不能用了，您读过以后还可以留给孩子再读，这可是无形的财富啊！"

客户欣然接受了售货员的建议买下了这本书，可见这种价格和利益的鲜明对比深深打动了客户的心。

4. 当客户把商品与更贵的同类商品进行比较时

在这种情况下，销售员不仅要表明客户所买商品的好处，还要指出其利益的相似处，这样就能让客户觉得花小钱而得到与更贵的商品同等的功用。

例如：

"这种仿毛料的价格还不到毛料的一半，但穿起来一样漂亮，而且洗后不用熨烫。"

销售员与客户议价时，首先自己不要对价格表现出敏感的态度，而应该坦然地与客户谈论商品的价格，特别是当客户对价格发出"太贵"的抱怨时更应该克制感情，反复地强调商品的优点、价格，使客户将商品的价值与价格放在一起考虑，从而接受商品的价格。

其次，销售员必须注意把握还价的时机，不能过早谈论价格问题，必须在客户提出价格异议以后方可与之探讨商品的价格。

总之，讨价还价是推销介绍商品的重要组成部分，销售员既要把握住还价的原则，又要善于运用灵活的表达形式来说服客户，从而达到预期的目的。

客户的讨价还价是销售员永远的痛。要想有效地规避这种痛楚，可以尝试从以下几个方面来努力：

1. 先发制人，定死价格

在业务洽谈之前，销售员可以把产品价格定死，堵住客户讨价还价之口，使之想还价却不能还价，这样就能轻松地避免与客户讨价还价的一场口舌之战。但是，这样做必须有一个前提，那就是产品本身过硬，很时尚、很走俏、销势很好，不会因为价格高低而直接影响到客户的最终购买。

2. 审时度势，巧妙报价

要想有效地规避客户的讨价还价，巧妙地报价十分关键。销售员应分清客户类型，掌握针对性报价和讲究报价方式，以及因时、因地、因人报价的技巧。

3. 突出产品优势，物超所值

与客户讨价还价其实是一种说服的艺术。因此，销售员在谈判时重点突出产品以及与产品销售相关的所有优势，让客户由衷地产生一种"仅此一家，别无分店""花这种钱值得"的感觉，否则结果将是"说而不服"。

4. 巧问妙答，细心判断

客户讨价还价，有的是真心想买，有的是"刺探虚实"等。因此，销售员应明察秋毫，留意客户所提的每个要求，抓住要害，加以分析，快速地做出判断，明确客户询价问价以及讨价还价的真正目的。

销售达人如是说

面对客户的讨价还价，我们可以在"不亏老本、不失市场、不丢客户"这一原则下灵活掌握，只要不让客户讨还出一个"放血价""跳楼价"，害得自己"赔本大甩卖"就行了。另外，还要说明一点，经过一番激烈争论，价格一旦敲定，必须马上签订协议将其"套牢"，不给对方一丝反悔和变卦的机会。

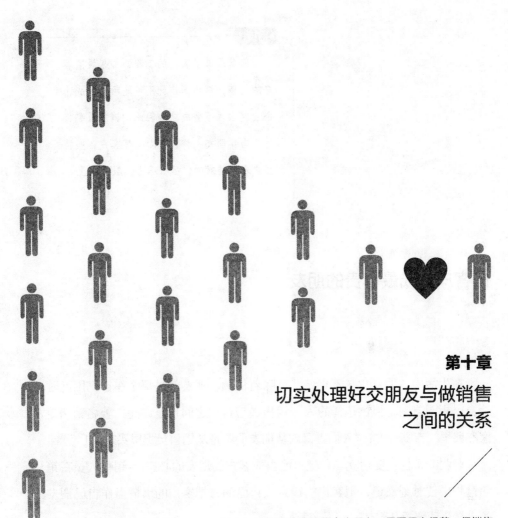

第十章

切实处理好交朋友与做销售
之间的关系

做销售的确需要多交朋友，需要用心经营。但销售
毕竟是在做生意，销售人员必须妥善处理好朋友
与生意之间的关系，找到二者之间的平衡点，使之
相得益彰。否则，难免会出现"谈钱伤感情，谈
感情伤钱"的两难局面，甚至导致既伤感情又伤钱
的结果。

● 引言

销售是做"人"的工作，如果没有客户的支持，销售工作就不可能顺利完成，企业就永远不会成功。因此，销售员要将客户当作朋友一样，真心关怀客户，坚持客户永远是对的，尽心尽力，服务至上。

把客户当成最尊贵的朋友

在生活中，朋友意味着真诚，意味着信赖。朋友就是那个在自己困惑时给自己指明方向、提供选择的人。销售员与客户之间也是如此。著名销售专家杰弗里·吉默特说："人们更喜欢从朋友而不是从销售员那里买东西！"

聪明的销售员要树立一种把自己当成客户的朋友的心态。销售人员在销售过程中要时刻谨记，把客户的钱看成自己的，把客户的事情当作自己朋友的事情，要慎重从事。

王女士于2005年4月从某家工厂辞职，开始做服装生意。由于热情待客，王女士的生意做得顺风顺水。

王女士把顾客当朋友。她能记住每位顾客，虽然并不知道姓名，但是能记住顾客上次来店穿的衣服或是发型，这也正是她生意大好的制胜法宝。

顾客来一次她就有了印象，顾客再次来店里她就主动和他们聊几句，还会说出他们谈论过的事。很多顾客第二次来时很诧异王女士能认识他们。能记住顾客对顾客来说是一种尊重，无形中会给自己带来不少客源。

有空的时候，王女士经常请顾客喝奶茶，吃羊肉串。做生意也是种艺术，记住每位顾客是种独特的心理战术，以心交心，捕捉每个细节，才可以吸引更多的顾客。

顾客买的衣服如果不喜欢，可以几天内原价退钱或换别的款。这也是很多顾客来她店里买衣服的原因。王女士认为，做生意要赚钱，但更重要的是做人。有一位顾客一次买了2000元的衣服后，隔了几天又买了1200元的衣服，后来还想买，王女士却阻止了她。遇到一些买衣服冲动型的顾客，王女士会告诉她们要冷静，并提议顾客将衣服带回家征求家人的意见后再买。

从上面的案例，我们可以看出，王女士的生意做得那么好，与她把顾客当成最尊贵的朋友来对待是密不可分的。从记住每一位顾客的名字，经常和顾客喝茶聊天，到承诺衣服不喜欢可以包退包换，甚至劝说买衣服冲动的顾客，等等，这些看起来是微不足道的小事，却体现了王女士把顾客当作最贴心的朋友，甚至像当作家人一样来看待。

真心付出必有回报，做生意先做朋友。王女士用实际行动来践行这一商场定律。她真心实意地把顾客当朋友，朋友当然会照顾她的生意，因此生意自然做得有声有色。

每一位客户都渴望得到销售人员的关心和重视，渴望得到适合自己并能给自己带来实惠的商品和服务。但不同的客户因为经历各不相同，其谈论的话题、爱好、希望也有所不同。那么，怎样才能成为客户真正的朋友呢？

1. 替客户着想

我们与客户合作一定要追求双赢，特别是要让客户知道他买的商品质量是好的，物美价廉。我们在销售商品时就要注意，不要把顾客不太想要的东西卖给他，也不要让他花多余的钱，尽量减少客户不必要的开支，这样客户也会节省你的投入。

2. 尊重客户

每个人都需要尊重，都需要获得别人的认同。对于客户给予的每一分钱，我们一定要心怀感激，并对客户表示感谢。而对于客户的失误甚至过错则要表示出宽容，而不是责备，并立即与客户共同研究探讨，找出补救和解决的方案。这样，你的客户才会从心底里感激你。

3. 不为难客户

当客户有为难之处时一定要体谅客户，不要让他为难。你的善解人意会让他觉得很抱歉甚至内疚，下次一有机会他就不会忘记补偿你。

4. 对客户适当地让步

在销售沟通过程中，许多销售员会有意无意地使用一些让步方式，以期让客户满意。比如在保证利润的前提下进行价格方面的让步，或者根据双方的诉求提出解决问题的折中方式等。

5. 给客户一点意外的实惠

一次生意结束的时候正是创造下一次机会的最好时机。这时千万别忘了送给客户一些合适的小礼品，如果这次生意的效益确实不错，最好能给客户一点意外的实惠。

6. 多做些销售之外的事情

有客户在生活中碰到了一些困难，只要我们知道又能做到时我们就要努力帮助他们，这样，我们与客户就不再是合作的关系了，更多的是朋友关系了。一旦你有什么需求时他们一定会先想到你。

销售达人如是说

　　你所销售的不仅仅是产品本身，还有你自己的专业以及态度。如果客户连你这个人都不喜欢，他怎么可能会喜欢你的产品呢？所以，你一定要强调你卖的不只是产品，而是你对于客户的专业态度以及服务。你是产品与客户之间的媒介，当客户喜欢你以后他才会选择你的产品。

• 引言

在销售中，做销售和交朋友是分不开的。人们往往是在销售中交朋友，同时在交朋友中做销售。销售好，朋友多；而朋友越多，销售越好。

在朋友中做销售，在销售中交朋友

俗话说："朋友多了路好走。"无论哪一行，都要先交朋友后做生意，先赚人气再赚财气，这样可以尽可能地减少商业摩擦和阻力。能够正确处理与客户关系的销售高手往往能够广揽合作，广开财路。

李先生是某县一个很有名气的生意人，手下有几个苗圃繁育基地，资金雄厚，在本地也算是个小富豪了。除此之外，他爱交朋友也是出了名的，上至达官贵人，下至平头百姓，小小的县城里可能有一半人都是他的朋友。

李先生交朋友不分高低，三教九流，只要是谈得来的，他都愿意与之成为朋友。县园林规划局的老张就是他的一位无话不谈的好朋友。老张在规划局工作了近20年还是一个小科长。但李先生不介意这些，逢年过节总要去送点礼物，路上见了面大老远地就开始打招呼。李先生一有空就去找老张喝酒，两人逐渐成了铁哥们。

有一年，老张升职为园林规划局处长了。正在这时，县城开发区正在搞园林绿化，需要大量的苗圃，各路人马排着队去求老张。李先生也看上了这个买卖，找到老张一说，多年的交往老张对李先生的人品及产品质量非常有信心于是马上就采购了一批李先生的苗圃，结果李先生大赚了一笔。

人脉在，生意就在。如果人们相互之间有了交情与信任，做起生意来就不是难事了。当你在一个领域失败的时候，可以没有了资本甚至负债累累，但是只要你有良好的人脉，还是能重新崛起的。

洛克菲勒在他全盛时期曾感慨地说："与人相处的能力如果能像糖和咖啡一样可以买得到，我愿为这种能力多付一些钱。"

朋友多则赚钱的机会多。现代社会，建立人脉远远不是过去所谓的"拉关系"那么简单，它包含很多层面的深化，需要用心经营。正所谓："播下的种子总会发芽。"

对生意人来说，能力只是经商的技能，朋友则是秘密武器，如果光有能力，没有朋友，个人竞争力就是一分耕耘、一分收获。但若加上朋友，个人竞争力将是一分耕耘、数倍收获。结交和善待你身边的朋友，就可以为你的事业成功铺平道路。

陈先生是某白酒品牌无锡总代理，来无锡之前，陈先生做过多年的酒类销售代理。俗话说："万事开头难"，刚开始，陈先生遇到了很大的困难。由于初来乍到，他不仅对无锡的道路不熟，对无锡的酒水运营手法等很多情况也不熟悉，可以说刚开始做业务时是举步维艰。

功夫不负有心人。慢慢地，陈先生不仅熟悉了无锡的交通，还逐渐了解了无锡酒水销售的"包场"方式，如谈好一家酒店，它不仅需要经销商为它提供白酒，还需要相关的红酒、黄酒以及啤酒等。

陈先生认为，酒品销售是服务性行业，不仅要为客户提供货真价实的东西，还要在保证质量的前提下提供优质周到的服务。陈先生逐渐引进了其他酒品，销售网络也渐渐建立起来，在无锡的销售量呈逐渐增长态势。

陈先生不但生意做得好，而且待人随和，笑容时常挂在脸上，让人感觉很亲切。陈先生认为，酒品销售是服务性行业，服务性行业要具有良好的服务意识，给客户以亲近感，和客户交朋友。

在与客户打交道时，他讲究生意不成仁义在，而且注重长期的交往和合作。同时要求做事厚道，做人正义。正是因为他一直这样去想、这样去做，因此他和很多老乡成了好朋友，和很多客户都处得非常好。

做生意的过程其实就是人与人之间交朋友的过程。在生意中交朋友，只有与更多的人保持和谐友好，生意才会红红火火。对于高明的销售人员来说，朋友的作用是不言而喻的，但很多人都苦恼于不会交朋友。其实在销售中，如何交朋友是一门学问。首先你要认识到朋友对于事业的重要性，然后，要对如何结识、结交朋友，如何与朋友维护关系、保持友谊，如何做到销售场合的应酬交际，如何把握销售中的情感投资，都有一定的了解和认识。

对一名销售员来说，朋友是一笔不可估量的财富。在现代社会，朋友少就好像路不通，不能四通八达、互通有无，做销售自然就磕磕绊绊。而朋友多，不仅能让你获得财富，还能让你拥有被人欢迎喜爱的充实感和快乐感。因此，销售人员应该不断扩大视野，广泛结交朋友，赢得更多的支持。

销售达人如是说

当你真心把客户当成朋友，彼此倾吐肺腑之言、互相体恤爱护时，那么朋友就交成了，销售自然也水到渠成。

• 引言

　　和气才能生财，强调人与人之间要有健康、友善的关系。将这样的态度用于销售中，不仅会受到顾客的欢迎，改善与顾客的关系、提高信誉，还能促进成交，扩大销售，增加盈利。

和气生财是做销售的硬道理

　　中国有一句俗语"和气生财"，意思是待人和善能招财进宝。做生意讲求和气生财，作为传统商业伦理的精华，这句俗语千百年来一直为中国人所推崇。

　　在美国一个市场里，有一个中国妇人的摊位生意特别好，引起了其他摊贩的嫉妒，大家常常有意无意把垃圾扫到她的店门口。

　　中国妇人本着和气生财的心态从不予计较，反而把垃圾清理到角落里。

　　旁边卖菜的墨西哥妇人观察她好几天，忍不住问："大家都把垃圾扫到你这里来，为什么你不生气？"

　　中国妇人笑着说："在我们国家，过年的时候都会把垃圾往家里扫，垃圾越多就代表会赚更多的钱。现在每天都有人送钱到我的摊位上，我怎么会生气呢？你看我生意不是越来越好吗？"

　　从此以后，那些垃圾就不再出现了。

中国妇人化诅咒为祝福的智慧实在令人惊叹，更令人敬佩的是她那与人为善、宽容的美德，她用理智宽容了别人，更为自己创造了一个宽松融洽的人际环境。正所谓"和气生财"，所以她的生意越做越好。试想，如果她与别人针锋相对，针尖对麦芒，那结果肯定是两败俱伤，最后倒霉的是自己。

对生意人来说，"和气"是一种修为，也是一种经商的手段。做生意的目的主要是为顾客服务，从中获取相应的利润。所以，做生意一定要和气待人、以和为贵。

一次，有个人去买水果，"这水果这么烂，一斤也要卖十元吗？"他拿着一个水果左看右看。

老板微笑着说："我这水果很不错的，不然您去别家比较比较。"

他说："一斤八元，卖不卖？"

老板还是微笑地说："先生，我一斤卖您八元，对刚刚从我这儿买的人怎么交代呢？"。

"可是，你的水果这么烂。"

"不会那么不好的，如果是很完美的，可能一斤要卖15元了。"老板依然微笑着。

不论客人的态度如何，老板依然面带微笑，而且笑得像开始那样亲切。

客人虽然嫌东嫌西，最后还是以一斤十元的价格买了。

等到那位客人走了，老板自言自语地说："嫌货人才是买货人呀。"

做生意最基本的原则是和气待客，以和为贵，不管生意是否做成都要呈现一副笑脸，以礼相待、热情服务，不能有"你是来求我的"思想，不能待客户态度冷漠、言语生硬，甚至顶撞客户。只有心平气和、细心周到，才能赢得客户的心。与客户发生纠纷时，要控制住自己的情绪，哪怕遇到难缠的客户，也不能轻易动怒。经商做生意就是与人打交道，所以学会与人相处很重要。在销售过程中，最重要的就是要与客户交往，不论是卖什么产品的都要满足客户的需求才能卖出去。

"和气生财"是人们在实践中总结出来的经验。任何一个人都不希望和别人吵架，可在生活中常常会遇到各种不尽如人意的事。如果遇到一个非常较劲的客户，千万不要与他争吵，转移一下视线，大事化小，小事化了，就能和气生财。

一个成功的销售人员会站在客户的角度上看自己销售的产品和自己的服务。千万不要以貌取人，一个轻视的眼神都可能让你失去一个很好的客户。无论是一个什么样的客户，都是你重要的客人，都有可能会买你的商品。从某种意义上来说，客户就是你的衣食父母，是他们的消费支撑了你的生活。你若能够在销售过程中时常想到这些，就一定会成为一个很好的销售人员。

销售达人如是说

以和为贵，和气生财。牢固树立顾客至上的理念，顾客就是我们的上帝，这种理念和思想一定要贯穿于我们的工作和行动的每一处。只有这样我们才能时刻把握自己对待顾客的原则。坚定顾客所需就是我们所要这种思想，才能真正让顾客满意。

引言

"有钱大家一起赚"是生意人的基本共识。做生意只有信奉"有钱大家一起赚"的理念，追求双赢，才能保持长久的合作关系。相反，只顾一己私利，而无视对方的权益，只会慢慢将生意做绝。

"有钱大家一起赚"是做销售的大智慧

在如今的商业社会里，各个行业和产业的联系越来越紧密，纵使你再有能耐，也不可能一个人把原料、生产、销售、物流和服务全都包揽下来，不和别人合作是不可能的。精明的商人都倾向于寻求别人的加盟与合作，这无疑是明智的，要挣大钱、成大事，必须要借助外力。

李嘉诚，1928年出生于广东潮州。他从在钟表公司当学徒，去塑胶厂当推销员，到自己创办长江塑胶厂，从事塑胶花生产，最后到大举投资房地产业，成立长江实业集团。李嘉诚的财富与日俱增，连续多年站在世界华人首富的舞台上。

对于财富的积累，精通经商之道的李嘉诚说过："有钱大家赚，利润大家分享，这样才有人愿意合作。假如拿10%是公正的，拿11%也可以，但是如果只拿9%的股份，就会财源滚滚来。""如果我们只是一味追求金钱和权力，而置人类的高尚情操于不顾的话，那么，一切进步及财富创造都将变得毫无意义。"

与其独吞，不如共享，有钱大家一起赚，有好处大家一起分。李嘉诚就是"有钱大家一起赚"的行家，别人与李嘉诚合作的时候，李嘉诚故意少拿两成。他说："如果一单生意只有自己赚，而对方一点不赚，这样的生意绝对不能干。"这样，每个与李嘉诚合作的人都会赚到比平常更多的钱，也就愿意有生意就找李嘉诚合作，从而让李嘉诚赚到更多的钱。这就是李嘉诚经商的智慧。

在市场经济条件下，追逐利益不可耻。但是，利益不能独吞，要学点分享主义，把利益分给众人。大凡成功者无一例外都懂得这一点。他们大都是一掷千金，让跟随自己的人得到实惠，从而死心塌地、赴汤蹈火，否则就会成为断人财路、独占福源的人。

有一家贸易公司的老板特别精明，运用"大鱼吃小鱼"的吞并策略将当地大大小小的十几家企业全都吞并了，形成了一个局部垄断的大集团。他出手毒辣，不留余地，因此扩张得很快。

可是，老板这种做法得罪了不少人，尤其是那些失去了当前财路又没有另寻生路的人。就在这家公司蒸蒸日上名声达到顶峰的时候，一些被打败的对手搜集到了他在某项目中暗箱操作的证据，举报给了上级部门。霸气十足的商业帝国顷刻间轰然坍塌。

古语云："与君同行，分之即得之！"意思是说，与别人在一起，如果你愿意和身边的人分享你的东西，那么得到的一定比失去的多。一个人要成就大事业，需要争取与尽可能多的人合作，与人共同分享合作带来的利益。要知道，并不是所有的事情都是狭路相逢勇者胜，在恰当时机懂得与人分享，可以让大家都得到利益，最后自己也会戴上赢家的桂冠。否则，就像上面案例中的贸易公司的老板一样，最后落得众叛亲离，倒闭关门的下场。

由此可见，精明的生意人应该懂得"与人分利""有钱大家一起赚"的道理，赚该赚的钱，也让他人得应得之利，这样虽然放弃了暴富的可能，但是可以做长久的生意。反之，一个不懂得与他人分享的生意人不可能将事业做大。

有句话说得好："财散人聚。"对于做销售来说，不能一直以谋求利益为目的，你要把利益与客户分享，才会赢得客户的信赖，聚集人心。这样一来，你的业务范围、合作伙伴才会越来越多，销售业务才能越做越大。

销售达人如是说

在如今变幻莫测的竞争时代，合作成为商界的主旋律。独食只能吃一口，共享则能带来更多的合作机会。只顾吃独食不懂合作的人在大浪淘沙下是没有明天的，利益共享是懂合作的标志。